ESSEN IST FERTIG

Hier kommt das Rundum-Sorglos-Paket für eure Familienküche! Mit Gerichten, die sowohl bei kleinen als auch großen Essern ankommen und Rezepten, für die ihr nicht Stunden beim Einkaufen und in der Küche verbringen müsst.

Denn so sehr wir vom Rezeptteam, Amelie, Inga und Marie (von links nach rechts), es lieben zu kochen: Im vollgepackten Familienalltag und nach einem anstrengenden Arbeitstag haben auch wir weder Zeit noch Lust auf viel Aufwand in der Küche.

Deshalb haben wir die über 90 neuen Rezepte in diesem Rezepte-mit-Herz-Spezial Schnelle Familienküche insgeheim aus purem Eigennutz entwickelt. Und unter Echtzeit-Bedingungen – mit Stoppuhr neben dem Thermi, mit hungrigen Kindern im Schlepptau oder bei spontanem Besuch von Freunden – getestet. Die Testjury, unsere Männer, Kinder, Freunde, Nachbarn und Kollegen, hat jedes Gericht probiert und dafür gesorgt, dass es wirklich nur die besten ins Heft geschafft haben. Es erwarten euch also echte Alltagsrezepte für jede Gelegenheit – von 20-Minuten-SOS-Rezepten, die das Abendessen an Chaos-Tagen retten, über Turbo-Desserts und Blitzbeilagen bis hin zu Rucki-zucki-Kuchen und Partysalaten für Gäste und Feste.

Dazu haben wir für euch noch jede Menge clevere Zeitspar-Tipps reingepackt, hilfreiche Infos rund um das Thema Kinder und Essen und als Extra unseren genialen Wochenplaner und Einkaufszettel zum Raustrennen in der Heftmitte. So gelingt Familienküche ohne Stress und ihr habt mehr Zeit, um mit euren Lieben das Leben zu genießen.

Also, an den Thermi, fertig, los!
Herzlichst, euer Rezeptteam

Mehr **Rezepte mit Herz** findet ihr auch im Netz:
WWW.REZEPTEMITHERZ-MAG.DE
WWW.FACEBOOK.COM/REZEPTEMITHERZMAGAZIN/

Alle Rezepte für den TM 5® und TM 31®.

W0417564

INHALT

Rezepte

Einfach clever

Küchen-News

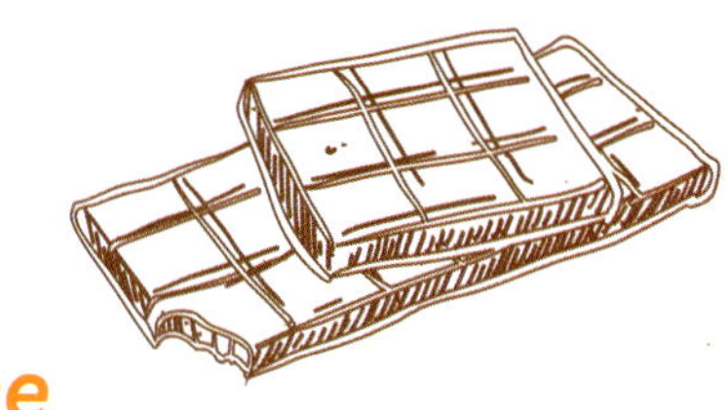

Service

Jedes Rezeptkapitel hat seine eigene Farbe. So könnt ihr eure Lieblingsrezepte im Heft schnell finden, indem ihr beim Blättern auf die entsprechende Farbe am rechten Seitenrand achtet

SOS-REZEPTE

TURBO-REZEPTE

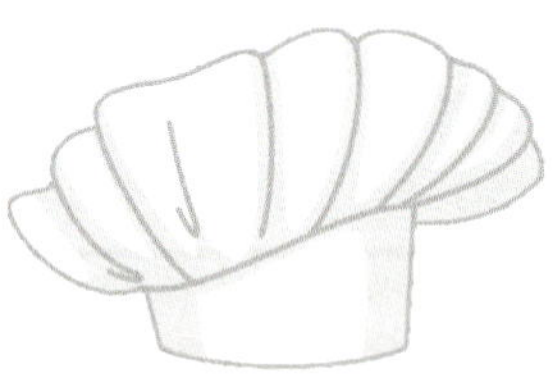

EXPRESS-REZEPTE

RUCK-ZUCK-REZEPTE

SNACKS

FÜR GÄSTE UND FESTE

SCHNELL NOCH WAS SÜSSES

BEILAGEN

KLEINE HELFER WILLKOMMEN

Macht es wie Theo, der seinen Theolino an die Hand nimmt, um ihm die Welt des Kochens zu zeigen. Viele unserer Rezepte sind dafür geeignet. Wann Kinder was können, lest ihr auf Seite 75.

3, 2, 1 –

EINFACH LECKER

Schnell, schneller, am schnellsten: Diese Gerichte stehen im Handumdrehen auf dem Tisch und machen garantiert die ganze Familie glücklich. Perfekt für Tage, an denen mal wieder jede Minute zählt und weder Zeit noch Energie übrig ist, um lange in der Küche zu stehen. Also los, Kinder! Schnell den Tisch decken, denn Mama kocht heute im Turbogang ...

GNOCCHI-GRATIN

20 Min. | leicht | **4** Portionen

Zutaten:

500 g frische Gnocchi (Kühlregal)
1 Kugel (125 g) Mozzarella
250 g Kirschtomaten
50 g Bergkäse
1 kleine Zwiebel
1 kleine Knoblauchzehe
20 g Olivenöl
35 g Mehl
180 g tiefgekühlter Spinat, portioniert
150 g Milch
250 g Tomatensaft
40 g Tomatenmark
Salz
Pfeffer

1. Gnocchi in kochendem Wasser **ca. 2 Minuten** vorkochen, abgießen und gut abtropfen lassen. In eine ofenfeste Pfanne oder Auflaufform geben.

2. Mozzarella zerzupfen und über den Gnocchi verteilen. Kirschtomaten je nach Größe halbieren oder vierteln und ebenfalls über den Gnocchi verteilen.

3. Bergkäse in den Mixtopf geben, **6 Sek./Stufe 6** zerkleinern, umfüllen.

4. Zwiebel und Knoblauchzehe in den Mixtopf geben, **5 Sek./Stufe 5** zerkleinern.

5. Das Olivenöl hinzufügen und **3 Min.120 °C (TM31: Varoma)/Stufe 2** andünsten.

6. Backofengrill vorheizen.

7. Mehl, gefrorenen Spinat, Milch, Tomatensaft und -mark zur Zwiebelmischung in den Mixtopf geben und **7 Min./100 °C/ Linkslauf/Stufe 1** aufkochen. Soße mit Salz und Pfeffer abschmecken, über die Gnocchis geben. Bergkäse darüberstreuen. Form unter den heißen Grill stellen und **4-5 Minuten** gratinieren, bis der Käse geschmolzen ist.

unser TIPP für euch

Verschärfte Variante für Erwachsene: 25 g eingelegte Jalapeños 2 Sek./Stufe 6 zerkleinern und vor dem Gratinieren über die Gnocchis streuen

Pro Portion:
ca. 500 kcal – **20** g E – **22** g F – **51** g KH

Dieses Symbol kennzeichnet Zutaten, die man auch selber machen kann. Rezept siehe download EXTRA rezeptemitherz-mag.de/downloads/

Alle lieben PESTO

... denn es kann immer wieder anders zubereitet werden und schmeckt so nie langweilig – zu Nudeln, Gnocchi oder auch mal als Dip zu gebratenem Fisch oder Fleisch – und lässt sich vor allem ruck, zuck zusammenmixen. Das sind unsere vier neuen Favoriten

ERBSEN-PESTO

5 Min. | leicht | **8** Portionen

Zutaten:
150 g gegarte grüne Erbsen (Dose oder Glas)
120 g Paranusskerne
40 g tiefgekühltes Basilikum
80 g Rapsöl
50 g Parmesan, in Stücken
Salz, Pfeffer

1. Die Erbsen abgießen und zusammen mit den anderen Zutaten in den Mixtopf geben und **20 Sek./Stufe 6** zerkleinern. Mit Salz und Pfeffer abschmecken.

Pro Portion:
ca. 140 kcal – **5** g E – **12** g F – **3** g KH

Passt zu kurzen Makkaroni

AVOCADO-PESTO
RICOTTA-BASILIKUM-PESTO
MÖHREN-PESTO
ERBSEN-PESTO

MÖHREN-PESTO

5 Min. | leicht | 8 Portionen

Zutaten:

180 g geschälte Möhren, in Stücken
50 g Parmesan, in Stücken
1 geschälte Knoblauchzehe, 100 g Olivenöl
100 g geröstete Sonnenblumenkerne
20 g tiefgekühlte Petersilie
Salz, Pfeffer

1. Alle Zutaten in den Mixtopf geben, **20 Sek./Stufe 6** zerkleinern. Vom Rand schieben, **20 Sek./Stufe 4** vermischen und abschmecken.

Pro Portion:
ca. 205 kcal – **11** g E – **18** g F – **6** g KH

Passt zu
Spaghetti

Passt zu
Spiral-nudeln

RICOTTA-BASILIKUM-PESTO

5 Min. | leicht | 8 Portionen

Zutaten:

50 g geröstete Pinienkerne
50 g Parmesan, in Stücken
40 g tiefgekühltes Basilikum
250 g Ricotta
Salz, Pfeffer
1 EL Zitronensaft

1. Pinienkerne und Parmesan in den Mixtopf geben und **10 Sek./Stufe 6** zerkleinern. Die restlichen Zutaten zugeben und **10 Sek./Stufe 4** vermischen. Pesto mit Salz, Pfeffer und Zitronensaft abschmecken.

Pro Portion:
ca. 120 kcal – **7** g E – **9** g F – **1** g KH

AVOCADO-PESTO

5 Min. | leicht | 8 Portionen

Zutaten:

100 g geröstete Cashewkerne, 2 Avocados,
2 geschälte Knoblauchzehen,
50 g Olivenöl, 40 g tiefgekühltes Basilikum,
15 g Zitronensaft, Salz, Pfeffer

1. Cashewkerne in den Mixtopf geben und **10 Sek./Stufe 6** zerkleinern. Avocados entkernen und das Fruchtfleisch mit den restlichen Zutaten in den Mixtopf dazugeben. **10 Sek./Stufe 5** vermischen. Pesto mit Salz und Pfeffer abschmecken.

Pro Portion:
ca. 140 kcal – **3** g E – **12** g F – **5** g KH

Passt zu
Gnocchi

WRAP MIT SCHINKEN UND MAISCREME

15 Min. | leicht | **4** Portionen

Zutaten:
2 mittelgroße Möhren,
1 kleine Dose Mais (Abtropfgewicht 140 g),
150 g Doppelrahmfrischkäse,
Saft und abgeriebene Schale von ½ Bio-Zitrone,
Salz, Pfeffer, 50 g Rucola,
4 Tortilla-Wraps (ca. 25 cm Durchmesser; insgesamt 300 g),
8 Scheiben (à ca. 15 g) Kochschinken

Pro Portion:
ca. 455 kcal – **17** g E – **20** g F – **51** g KH

1. Möhren in Stücken in den Mixtopf geben und 3 Sek./Stufe 5 zerkleinern. Umfüllen, Mixtopf säubern.

2. Mais abgießen und in den Mixtopf geben. Frischkäse, Zitronensaft und -schale, Salz und Pfeffer zugeben und 20 Sek./Stufe 4 zu einer Creme mixen. Grobe Stiele vom Rucola entfernen.

3. Tortilla-Wraps nacheinander in der Pfanne unter Wenden kurz erwärmen.

4. Mit je ¼ der Maiscreme bestreichen, dabei rundherum jeweils ca. 1 cm Rand frei lassen. Mit je 2 Scheiben Schinken, Möhrenraspel und Rucola belegen. Zum Aufrollen die Seiten jeweils ca. 3 cm weit über die Füllung schlagen und die Fladen fest aufrollen. In Butterbrotpapier einwickeln und die Enden wie Bonbonpapier zusammendrehen. Wraps mit einem scharfen Messer diagonal halbieren und servieren.

Variante:
Statt Kochschinken könnt ihr auch 200 g Räucherlachs in Scheiben in die Wraps wickeln.

BLITZ-CHILI CON CARNE

20 Min. | leicht | **4** Portionen

Zutaten:
2 Zwiebeln, 1 Knoblauchzehe, 2 EL Öl, 1 Dose Kidneybohnen (260 g Abtropfgewicht), 1 Dose Mais (240 g Abtropfgewicht), 1 EL Tomatenmark, 2 Dosen stückige Tomaten (à 400 g), Salz, Pfeffer, 1 TL gemahlener Kreuzkümmel, 1 TL Paprikapulver (edelsüß oder rosenscharf) oder Chilipulver, ½ TL Zucker, 400 g mageres Rinderhack, 100 g Schmand, nach Belieben Petersilie zum Garnieren

1. Zwiebeln und Knoblauch abziehen, in Stücken in den Mixtopf geben, 5 Sek./Stufe 5 zerkleinern. **1 EL Öl** zugeben und 5 Min./100 °C/↺ Linkslauf/Rührstufe andünsten.

2. Inzwischen Bohnen abgießen, abspülen und abtropfen lassen. Mais abgießen. Beides mit Tomatenmark, Tomaten, Salz, Pfeffer, Kreuzkümmel, Paprika bzw. Chili und Zucker in den Mixtopf geben, mit dem Spatel durchrühren und 10 Min./100 °C/↺ Linkslauf/Rührstufe köcheln lassen.

3. Währenddessen **1 EL Öl** in einer großen beschichteten Pfanne erhitzen. Hack darin unter Wenden in ca. 5 Minuten krümelig anbraten.

4. Hack in den Mixtopf geben. Chili weitere 3 Min./100 °C/↺ Linkslauf/Rührstufe köcheln lassen. Chili abschmecken, mit je einem Klecks Schmand und nach Belieben Petersilie anrichten.

Pro Portion:
ca. 335 kcal – **27** g E – **18** g F – **19** g KH

Super zum Chili: Tortillarollen

Ofen auf **200 °C (Umluft: 175 °C)** vorheizen. 80 g Gouda in Stücken in den Mixtopf geben **10 Sek./Stufe 6** zerkleinern, umfüllen. 2 Frühlingszwiebeln in Stücken in den Mixtopf geben, **5 Sek./Stufe 5** zerkleinern, umfüllen. 2 Tortillawraps (25 cm Ø) mit 75 g Schmand bestreichen, Gouda und Zwiebeln darauf verteilen. Aufrollen, mit Holzspießen feststecken. Im heißen Ofen **ca. 8 Min.** backen. In Stücke schneiden.

unser TIPP für euch

Für Erwachsene einen Teil des Chilis mit Chilipulver verschärfen

RAHMSPINAT-PASTA MIT SPIEGELEI

20 Min. | leicht | 4 Portionen

Zutaten:
1 Zwiebel, 1 Knoblauchzehe,
20 g + 1 TL Öl, 200 g Schlagsahne,
250 g tiefgekühlter Blattspinat (portioniert),
1 gestrichener TL Salz, Pfeffer, 1 Msp. Muskat,
450 g heißes Wasser,
350 g Penne, 4 Eier

Pro Portion:
ca. 610 kcal – **22** g E – **29** g F – **65** g KH

1. Zwiebel und Knoblauch abziehen und 5 Sek./Stufe 5 zerkleinern. **20 g Öl** zugeben und 2 Min./120 °C (TM 31®: Varoma)/Stufe 1 andünsten.

2. Sahne, tiefgekühlten Spinat, Salz, Pfeffer, Muskat und Wasser zugeben. 5 Min./90 °C/Stufe 1 erhitzen.

3. Penne zugeben und mit dem Spatel einmal durchrühren. Dann 13 Min./100 °C/Linkslauf/Stufe 1 ohne Messbecher kochen.

4. Inzwischen Eier in **1 TL Öl** in einer beschichteten Pfanne zu Spiegeleiern braten. Mit der Pasta servieren.

Gemüseplus gefällig? Die Bio-Gemüsenudeln Tomate oder Karotte von Freche Freunde punkten mit 25 Prozent Gemüse-Anteil und eignen sich super für One-Pot-Gerichte. 300-g-Packung für ca. 2,– Euro.

LACHSFILET MIT ERBSENPÜREE

20 Min. | leicht | 4 Portionen

Zutaten:

1 große Bio-Zitrone
4 Lachsfilets (à ca. 125 g)
Salz, Pfeffer
1 Dose weiße Bohnen (Abtropfgewicht 250 g)
1 Zwiebel
1 EL + etwas Olivenöl
450 g tiefgekühlte Erbsen
75 g Schlagsahne
100 g Wasser
1–2 TL Zitronensaft
2 Stiele Minze

1. Zitrone heiß waschen, trocken reiben und in 8 Scheiben schneiden. 4 Scheiben im Varoma verteilen, je 1 Lachsfilet darauflegen, mit Salz und Pfeffer würzen und je eine weitere Zitronenscheibe auf den Fisch legen.

2. Bohnen abgießen, abspülen und abtropfen lassen. Zwiebel abziehen, in den Mixtopf geben und 5 Sek./Stufe 5 zerkleinern. **1 EL Öl** zugeben und 2,5 Min./120 °C (TM 31®: Varoma)/ Stufe 1 andünsten. Gefrorene Erbsen, Bohnen, Sahne und Wasser zugeben. Deckel schließen, Varoma aufsetzen und 15 Min./Varoma/Stufe 1 garen.

3. Varoma abnehmen. Zitronensaft und Minze, bis auf einige Blättchen zum Garnieren, zu den Erbsen geben, 20 Sek./Stufe 8 fein pürieren. Mit Salz abschmecken. Lachs mit **etwas Öl** beträufeln und mit dem Püree servieren.

Pro Portion:
ca. 485 kcal – **35** g E – **31** g F – **16** g KH

Bunte GEMÜSESUPPEN

Vier Richtige, die bei kleinen und großen Gourmets gut ankommen, schnell gemixt sind und Löffel für Löffel den Körper und die Seele wärmen. Echtes Wohlfühl-Essen eben

KÜRBISSUPPE

20 Min. | leicht | 4 Portionen

Zutaten:

1 Zwiebel
1 kleine Stange Lauch
750 g Hokkaidokürbis (entkernt), 1 EL Öl
1 gehäufter TL Currypulver
500 g Wasser,
2 TL Gemüsebrühpulver oder -paste
Saft von einer Orange
2 EL Kürbiskerne
200 g Kokosmilch (Dose)
Salz und Pfeffer

1. Zwiebel abziehen. Mit Lauch und Kürbis (samt Schale) in Stücken in den Mixtopf geben und **8 Sek./Stufe 5** zerkleinern. Öl und Curry zugeben und **3 Min./120 °C (TM 31®: Varoma)/Stufe 1** andünsten. Wasser, Gemüsebrühpulver oder -paste und Saft zugeben und alles **15 Min./100 °C/Stufe 1** köcheln.

2. Inzwischen die Kürbiskerne in einer Pfanne ohne Fett rösten, bis sie duften.

3. Kokosmilch, bis auf **4 EL**, in den Mixtopf geben und die Suppe **40 Sek./Stufe 9** fein pürieren, dabei langsam von **Stufe 1 bis 9** hochschalten. Suppe mit Salz und Pfeffer abschmecken. Mit Kürbiskernen und übriger Kokosmilch anrichten.

Pro Portion:
ca. 270 kcal – **12** g E – **16** g F – **20** g KH

ERBSENSUPPE MIT GARNELEN

20 Min. | leicht | 4 Portionen

Zutaten:

1 Zwiebel, 2 mittelgroße Kartoffeln,
2 EL Öl, 600 g tiefgekühlte Erbsen,
750 g Wasser,
3 TL Gemüsebrühpulver oder -paste
12 küchenfertige rohe Garnelen (à ca. 35 g; mit Schwanz), 100 g Schlagsahne,
Salz, Pfeffer, etwas Zitronensaft,
4 Holzspieße

1. Zwiebel abziehen und in grobe Stücke schneiden. Kartoffeln schälen, waschen und halbieren. Beides in den Mixtopf geben und **8 Sek./Stufe 5** zerkleinern. **1 EL Öl** zugeben und **3 Min./120 °C (TM 31®: Varoma)/Stufe 1** andünsten. Erbsen, Wasser und Gemüsebrühe zugeben und **15 Min./100 °C/Stufe 1** köcheln.

2. Inzwischen Garnelen trocken tupfen, je 3 auf die Holzspieße stecken. **1 EL Öl** in einer großen beschichteten Pfanne erhitzen. Garnelen-Spieße darin unter Wenden **ca. 5 Minuten** braten. Mit Salz und Pfeffer würzen, warm halten.

3. Sahne in den Mixtopf gießen und die Suppe **40 Sek./Stufe 9** fein pürieren, dabei langsam von **Stufe 1 bis 9** hochschalten. Die Suppe mit Salz, Pfeffer und etwas Zitronensaft abschmecken und mit den Spießen anrichten.

Pro Portion:
ca. 440 kcal – **36** g E – **18** g F – **33** g KH

TOMATENSUPPE MIT PARMESAN-KLÖSSCHEN

20 Min. | leicht | 4 Portionen

Zutaten:
50 g Parmesan (in Stücken), 40 g Weichweizengrieß, 1 Ei, 2 EL tiefgekühltes Basilikum, Salz, Pfeffer, 1 Zwiebel, 2 EL Olivenöl, 2 EL Tomatenmark, 1 EL Mehl, 2 Dosen Tomatenwürfel (à 400 g), Salz, 1 TL Zucker, 1 EL Apfelessig

1. Parmesan in den Mixtopf geben und **10 Sek./Stufe 6** zerkleinern. Grieß, Ei und Basilikum zugeben, **20 Sek./Stufe 4** verrühren. Masse mit Salz und Pfeffer würzen, mit dem Spatel durchrühren. Mit Hilfe von 2 Teelöffeln kleine Klößchen formen und in den mit feuchtem Backpapier ausgelegten Varoma legen. Mixtopf säubern.

2. Zwiebel abziehen, in den Mixtopf geben und **5 Sek./Stufe 5** zerkleinern. Öl, Tomatenmark und Mehl zugeben und **3 Min./120 °C (TM 31®: Varoma)/ Stufe 1** andünsten. Tomaten zugeben, mit Salz, Zucker und Essig würzen und einmal mit dem Spatel am Boden entlang gehen. Varoma aufsetzen. **10 Min./Varoma/Stufe 1** kochen.

3. Varoma abnehmen. Messbecher draufsetzen! Suppe **40 Sek./Stufe 9** fein pürieren, dabei langsam von **Stufe 1 bis 9** hochschalten. Suppe noch mal abschmecken und mit den Klößchen anrichten.

Pro Portion:
ca. 270 kcal – **12** g E – **16** g F – **20** g KH

MAISSUPPE MIT WÜRSTCHEN

20 Min. | leicht | 4 Portionen

Zutaten:
1 Zwiebel, 1 EL Rapsöl, 1 Dose Mais (285 g Abtropfgewicht), 750 g Wasser, 3 TL Gemüsebrühpulver oder Paste, 1 Beutel Instant-Kartoffelpüree komplett (für 3 Portionen; mit Milch), 500 g Wasser, 4 Wiener Würstchen (à ca. 80 g), 100 g Schlagsahne, Salz, Pfeffer, geriebene Muskatnuss, 2 EL gehackte Petersilie zum Bestreuen (frisch oder tiefgekühlt)

1. Zwiebel abziehen, in Stücken in den Mixtopf geben. **5 Sek./Stufe 5** zerkleinern. Öl zugeben und **2,5 Min./120 °C (TM 31®: Varoma)/Stufe 1** andünsten. Mais, Wasser und Gemüsebrühpulver oder -paste und Brühe zugeben, **12 Min./100 °C/Stufe 1** köcheln. Inzwischen Püreepulver in eine Schüssel geben, 400 ml Wasser im Wasserkocher aufkochen, 100 ml kaltes Wasser zugießen und alles unter die Püreeflocken rühren. Würstchen in schmale Scheiben schneiden.

2. Sahne zur Suppe gießen, Kartoffelpüree zugeben und die Suppe **40 Sek./ Stufe 9** fein pürieren, dabei langsam von **Stufe 1 bis 9** hochschalten. Suppe mit Salz, Pfeffer und Muskat abschmecken. Würstchen zugeben, **3 Min./100 °C/Linkslauf/Stufe 1** erwärmen. Suppe mit Petersilie bestreut anrichten.

Pro Portion:
ca. 295 kcal – **13** g E – **18** g F – **24** g KH

unser TIPP für euch

Die ausgekochte Vanilleschote nicht wegwerfen, sie hat noch viel Aroma! Auf einem Stück Küchenpapier trocknen lassen. Dann könnt ihr sie in ein Glas mit Zucker stellen für feinsten Vanillezucker, oder sie in die Kaffee- oder Teedose legen, in der sie Kaffeepulver oder Teeblätter natürlich aromatisiert

GRIESSBREI MIT HEISSEN KIRSCHEN

20 Min. | leicht | **4** Portionen

Zutaten Kirschen:

1 Glas Schattenmorellen (300 g Abtropfgewicht), 1 TL Johannisbrotkernmehl (alternativ 3 TL Speisestärke), 1 EL Honig

Zutaten Grießbrei:

30 g gehackte Mandeln (ohne Haut),
90 g Dinkelvollkorngrieß,
800 g Milch, 2 EL brauner Zucker,
Mark von ½ ausgekratzten Vanilleschote + ausgekratzte Schote, 1 Ei, 1 Prise Salz,
2 EL geröstete Mandelblättchen

1. Kirschen abgießen, Flüssigkeit dabei auffangen. **200 g** im Mixtopf abwiegen, gegebenenfalls mit Wasser auffüllen. Johannisbrotkernmehl und Honig zugeben und 4 Min./80 °C/Stufe 4 garen. Umfüllen, Mixtopf säubern.

2. Für den Grießbrei die Mandeln in den Mixtopf geben, 30 Sek./Stufe 10 mahlen. Grieß, Milch, Zucker, Vanillemark und -schote in den Mixtopf geben, Schmetterling einsetzen und 10 Min./90 °C/Stufe 2 kochen. Schmetterling und Vanilleschote aus dem Mixtopf entfernen.

3. Inzwischen das Ei trennen. Eigelb mit dem Spatel unter den Grießbrei rühren. Grießbrei in eine Rührschüssel umfüllen. Mixtopf sehr gut säubern. Eiweiß und Salz in den Mixtopf geben, Schmetterling einsetzen. Eiweiß 2 Min./Stufe 4 steif schlagen. Eischnee unter den Grießbrei heben.

4. Grießbrei in Portionsschalen füllen. Mit Kirschen und Mandelblättchen servieren.

Pro Portion:
ca. 425 kcal – **14** g E – **16** g F – **43** g KH

SÜSSER SCHOKOLADEN-COUSCOUS

20 Min. | leicht | **4** Portionen

Zutaten:
250 g Milch
250 g Wasser
250 g Couscous
2 EL Kakao (ungesüßt)
2 Päckchen Vanillezucker
2 Orangen
25 g Walnusskerne
200 g Vanillequark
Zimt zum Bestäuben

1. Milch, Wasser, Couscous, Kakao und Vanillezucker in den Mixtopf geben und **6 Min./90 °C/Linkslauf/Stufe 1** garen.

2. Inzwischen die Orangen so schälen, dass auch die weiße Haut vollständig entfernt wird. In schmale Scheiben schneiden.

3. Walnüsse in einer Pfanne ohne Fett rösten, bis sie duften. Sofort herausnehmen und grob hacken.

4. Couscous mit einer Gabel auflockern und in Schalen anrichten. Orangenscheiben darauf verteilen. Je einen Klecks Vanillequark daraufgeben und mit Walnüssen bestreuen. Übrigen Quark extra dazu servieren.

Pro Portion:
ca. 465 kcal – **13** g E – **12** g F – **70** g KH

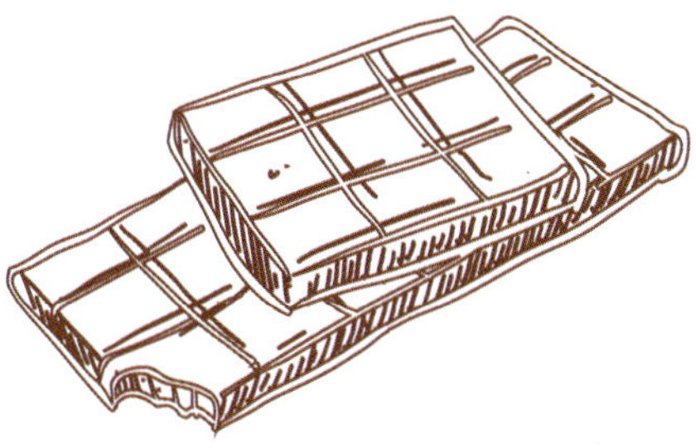

Von süß bis herzhaft:

Mit raffinierten Aufstrichen wird das Abendbrot schnell zum Geschmackserlebnis. Denn die feinen Pasten lassen sich auf Vorrat mixen und warten dann geduldig auf ihren Einsatz

SCHOKOLADEN-AUFSTRICH

20 Min. | leicht | **10** Portionen (à 30 g)

Zutaten:

70 g Cashewkerne, 1 mittelgroße, reife Banane (ca. 120 g Fruchtfleisch), 35 g brauner Zucker, 85 g Zartbitterschokolade, 50 g weiche Butter, 100 g Agavendicksaft, 1 TL Vanilleextrakt (Fertigprodukt oder selbst gemacht ⬇), 1 Prise Salzflocken , (Fleur de Sel; ersatzweise normales Salz)

Haltbar etwa 7-10 Tage im Kühlschrank

1. Cashewkerne mit kochendem Wasser übergießen und ca. **10 Minuten** ziehen lassen.

2. Inzwischen Backofen auf **200 °C (Umluft: 180°C)** vorheizen. Banane in Stücke schneiden, mit dem Zucker vermischen, in eine beschichtete Pfanne geben und unter Wenden **ca. 5 Minuten** karamellisieren. Masse im Auge behalten, sie verbrennt schnell.

3. Schokolade in den Mixtopf geben, **5 Sek./Stufe 8** zerkleinern. Zur Banane hinzufügen und unterrühren, bis sie geschmolzen ist.

4. Cashewkerne abgießen, abtropfen lassen und abkühlen lassen. Mit der Butter in den Mixtopf geben und **10 Sek./Stufe 8** zerkleinern, mit dem Spatel an den Seiten herunterschieben.

5. Bananenmischung, Agavendicksaft und Vanilleextrakt hinzufügen und **2 Min./Stufe 4** vermischen. Mit Salz abschmecken und erneut **2 Min./Stufe 4** vermischen.

6. In saubere, heiß ausgespülte Gläser füllen und im Kühlschrank aufbewahren.

Pro Portion:
ca. 135 kcal – **1** g E – **7** g F – **18** g KH

FRISCH BESTRICHEN

ROTE-BETE-AUFSTRICH

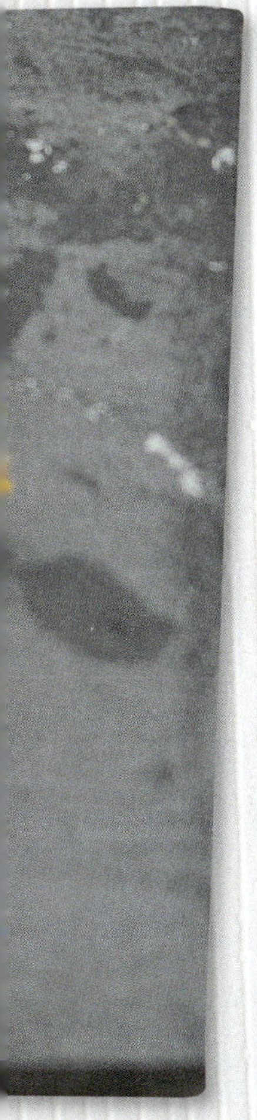

SCHOKOLADEN-AUFSTRICH

KIDNEYBOHNEN-AUFSTRICH

10 Min. | leicht | **10** Portionen (à 30 g)

Zutaten:

1 kleine Zwiebel
1 Knoblauchzehe
1 EL Olivenöl
30 g Tomatenmark
1 Dose Kidneybohnen (Abtropfgewicht 260 g)
20 g helles Tahin (Sesampaste)
10 g flüssiger Honig
Salz und Pfeffer
Haltbar etwa 7-10 Tage im Kühlschrank

Pro Portion:
ca. **45** kcal – **2** g E – **2** g F – **4** g KH

1. Zwiebel und Knoblauch abziehen und in den Mixtopf geben, 5 Sek/Stufe 5 zerkleinern. Olivenöl hinzugeben und 5 Min./Varoma/Stufe 2 andünsten.

2. Tomatenmark zugeben und erneut 3 Min./Varoma/Stufe 2 dünsten.

3. Bohnen abgießen, abspülen und abtropfen lassen. In den Mixtopf geben und alles 10 Sek./Stufe 5 zerkleinern.

4. Tahin und Honig hinzufügen und 30 Sek./Stufe 5 zerkleinern (oder länger, falls man eine feinere Konsistenz haben möchte). Mit Salz und Pfeffer abschmecken.

unser TIPP für euch

Für einen exotischen Schärfe-Kick 10 g rote Thai-Currypaste unter die Hälfte des Aufstrichs mischen

TOMATEN-MÖHREN-AUFSTRICH

20 Min. | leicht | **10** Portionen (à 30 g)

Zutaten:

200 g Möhren
1 kleine Zwiebel
40 g Olivenöl
150 g Tomatenmark mit Gemüse
Salz, Pfeffer, Zitronensaft
Haltbar etwa 7-10 Tage im Kühlschrank

1. Möhren und Zwiebel in groben Stücken in den Mixtopf geben und 8 Sek./Stufe 5 zerkleinern. Öl zugeben, 5 Min./Varoma/Stufe 2 andünsten.

2. Tomatenmark zugeben, 20 Sek./Stufe 6 untermischen. Masse 10 Min./100 °C/Stufe 2,5 ohne Messbecher einkochen, bis die Flüssigkeit verkocht ist. Aufstrich mit Salz, Pfeffer und Zitronensaft abschmecken.

Pro Portion:
ca. **55** kcal – **1** g E – **4** g F – **3** g KH

ROTE-BETE-AUFSTRICH

5 Min. | leicht | **10** Portionen (à 35 g)

Zutaten:

200 g gegarte Rote Bete (vakuumverpackt)
150 g Feta
25 g Zitronensaft
Salz und Pfeffer
Haltbar etwa 7-10 Tage im Kühlschrank

Pro Portion:
ca. **45** kcal – **3** g E – **3** g F – **2** g KH

1. Rote Bete und Feta in groben Stücken in den Mixtopf geben. Zitronensaft zugeben und 30 Sek./Stufe 4 zerkleinern.

2. Aufstrich mit Salz und Pfeffer abschmecken, 30 Sek./Stufe 4 vermischen und mit dem Spatel an den Seiten herunterschieben.

3. Danach erneut 1 Min./Stufe 3,5 oder bis zur gewünschten Konsistenz vermischen.

unser TIPP für euch

Raffinierter wird der Aufstrich, wenn ihr ihn mit etwas gemahlenem Kreuzkümmel (Cumin) und abgeriebener Orangenschale abschmeckt

TORTELLINI MIT KÄSE-SAHNE-SOSSE

20 Min. | leicht | 4 Portionen

Zutaten:
80 g Parmesan (in Stücken),
1 kleine Zwiebel, 1 EL Öl,
1 leicht gehäufter EL Mehl,
200 g Schlagsahne, 200 g Wasser,
½ TL Gemüsebrühpulver oder -paste,
Salz, 500 g tiefgekühlter Brokkoli,
500 g frische Tortellini mit Ricotta-Spinat-Füllung (Kühlregal),
geriebene Muskatnuss

1. Parmesan in den Mixtopf geben, und **10 Sek./Stufe 6** zerkleinern, umfüllen.

2. Zwiebeln abziehen, in den Mixtopf geben und **5 Sek./Stufe 5** zerkleinern. Öl zugeben, **2,5 Min./120 °C (TM 31®: Varoma)/Stufe 1** andünsten. Mehl drüberstäuben und **2 Min./100 °C/ Stufe 1** andünsten. Sahne, Wasser, Gemüsebrühpulver, Parmesan und etwas Salz zugeben und **10 Min./100 °C/Stufe 1** kochen.

3. Inzwischen Brokkoli und Tortellini nach Packungsanweisung zusammen in Salzwasser garen.

4. Tortellini und Brokkoli auf Tellern anrichten, Käsesoße mit Salz und Muskat abschmecken und darübergeben. Nach Belieben mit gerösteten Mandelblättchen garnieren.

Pro Portion:
ca. 510 kcal – **23** g E – **27** g F – **46** g KH

SOS-REZEPTE – FERTIG IN 20 MINUTEN

So schmeckt es Kindern

Kleiner Aufwand, große Wirkung: Mit diesen Tipps macht ihr selbst den wählerischsten Suppenkaspern garantiert Appetit

KLEIN, ABER OHO

Essen im Mini-Format kommt bei den Kleinen meist richtig gut an. Kein Wunder, denn sie haben kleinere Hände und essen kleinere Portionen als Erwachsene. Deshalb sind Hackbällchen, Chickennuggets und Snackgemüse wie kleine Tomaten, Mini-Paprika oder Snack-Gurken ein Hit auf Kindertellern. Warum also auch nicht mal Aufläufe in kleinen Portionsförmchen backen und Desserts in kleinen Gläsern anrichten, so dass jeder seine eigene Portion bekommt?

TELLERKUNST

Keine Angst, ihr müsst keinen Schnitzkurs besuchen, um den Kleinen das Essen schmackhaft zu machen. Aber schon kleine Tricks, die selbst im turbulenten Familienalltag klappen, sorgen dafür, dass Kinder leuchtende Augen bekommen. Sandwiches, Gurken- oder Apfelscheiben lassen sich z.B. mit Plätzchenausstechern schnell in Form bringen. Ein Gesicht aus Zutaten wie Bananen- oder Gurkenscheiben, Beeren und Schnittlauchhalmen auf dem belegten Brot, auf Pfannkuchen, Kartoffelpüree und mehr sorgt für gute Laune am Tisch.

FINGERFOOD

Besonders Kleinkinder wollen ihr Essen im wahrsten Sinne des Wortes begreifen. Mit den Händen essen macht ihnen deshalb besonders viel Spaß und regt zudem alle Sinne an. Spieße, klein geschnittenes Knabbergemüse oder Obst, Pizza in handlichen Stücken oder Ähnliches kommt daher meist gut an. Sogar Salat lässt sich am Spieß servieren – einfach Eisbergsalatblätter gefaltet und im Wechsel mit Kirschtomaten oder anderem Gemüse aufspießen und mit einem cremigen Dressing als Dip servieren.

Dranbleiben

Kinder sind Neuem gegenüber oft skeptisch. Denn sie lieben das, was ihnen vertraut ist. Guter Trick gegen die Angst vor Neuem: kombiniert es auf dem Teller mit Altbekanntem. Außerdem nicht aufgeben, wenn die Kleinen etwas nicht mögen. Ihr Geschmack entwickelt und ändert sich noch und bei manchen Lebensmitteln oder Gerichten braucht es einfach ein paar Versuche mehr, bis sie akzeptiert werden. Eine gute Regel ist daher, alles muss probiert werden. Was nicht schmeckt, muss nicht aufgegessen werden, beim nächsten Mal aber wieder probiert werden. So kann sich der Geschmack erweitern.

MITMACHEN

Die beste Strategie gegen mäkelige Esser: die Kinder beim Thema Essen einbeziehen. Denn was man selbst macht und selbst ausgesucht hat, schmeckt gleich viel besser. Lasst sie z.B. beim Wochenplan mitentscheiden, was in den nächsten Tagen auf den Tisch kommen soll, indem jedes Familienmitglied ein Wunschgericht bestimmen darf. Beim Einkaufen darf sich jedes Kind ein Gemüse in der Lieblingsfarbe aussuchen oder eine Nudelsorte auswählen. In der Küche helfen macht den Minis meist viel Spaß. Ab welchem Alter Kinder was machen können, könnt ihr auf Seite 75 nachlesen. Zugegeben, das kostet mehr Zeit und Nerven, als wenn man es alleine macht und natürlich geht auch gerne mal was daneben. Aber besonders am Wochenende, wenn es nicht auf jede Minute ankommt, lohnt sich der Aufwand. Denn das Mithelfen weckt bei Kindern das Interesse am Essen, schult die Motorik und das Verantwortungsgefühl und zahlt sich so auf Dauer aus.

SCHÖN ÜBERSICHTLICH

Mischmasch auf dem Teller schreckt viele Kinder ab. Denn so lässt sich schlecht erkennen, was alles im Essen steckt und ob man das wirklich mag. Selbermischen kommt dafür umso besser an. Richtet daher Soßen und Dips besser extra an, serviert den Salat in einem kleinen Extra-Schälchen und haltet die einzelnen Komponenten auf dem Teller schön getrennt. So behalten die kleinen Gourmets den Überblick, und greifen eher zu.

Selbermachen

Kinder lieben es, wenn sie den geriebenen Parmesan selbst auf die Nudeln streuen dürfen, wenn sie ein eigenes Schälchen zum Dippen bekommen oder wenn sie selbst den Puderzucker über die Waffeln stäuben dürfen. Denn das gibt ihnen das Gefühl, selbst bestimmen zu können, wie ihr Essen aussieht.

BLITZKÜCHE FÜR JEDEN TAG

Wer seine knappe Zeit in diese Express-Rezepte investiert, wird gleich dreifach belohnt: Er kann sich auf ein leckeres Essen freuen, macht den Rest der Familie glücklich und bekommt garantiert auch noch Komplimente für seine hervorragenden Kochkünste. Also, heizt schnell den geliebten Thermi an, und in nur 25 Minuten ist das Essen fertig

LASAGNE-EINTOPF

25 Min. | leicht | **4** Portionen

Zutaten:

30 g Parmesan
1 kleine Stange Lauch
2 Möhren
200 g Knollensellerie
2 EL Öl
1 TL edelsüßes Paprikapulver
1 TL getrockneter Oregano
1 EL Tomatenmark
1 Dose (400 g) stückige Tomaten
750 g heißes Wasser
1 EL Gemüsebrühpulver oder -paste
100 g Lasagne-Nudeln
400 g Rinderhackfleisch
Salz
Pfeffer
75 g Crème Fraîche
Basilikum zum Garnieren

Pro Portion:
ca. 450 kcal – **26** g E – **26** g F – **27** g KH

1. Parmesan in den Mixtopf geben, **10 Sek./Stufe 6** zerkleinern und umfüllen. Mixtopf ausreiben.

2. Lauch, Möhren und Sellerie putzen bzw. schälen, in groben Stücken in den Mixtopf geben und **10 Sek./Stufe 5** zerkleinern. **1 EL Öl** zugeben und **2,5 Min./120 °C (TM 31®: Varoma)** andünsten. Paprika, Oregano, Tomatenmark, Tomaten, Wasser und Gemüsebrühpulver zugeben und **5 Min./100 °C/Linkslauf/Stufe 1** köcheln.

3. Lasagneplatten in Stücke brechen und in den Mixtopf geben. **10 Min./100 °C/Linkslauf/Stufe 1** garen.

4. Inzwischen **1 EL Öl** in einer Pfanne erhitzen und das Hackfleisch darin unter Wenden krümelig anbraten. Mit Salz und Pfeffer würzen.

5. Crème Fraîche mit Parmesan verrühren, mit Salz abschmecken. Hack zum Eintopf geben, mit Salz und Pfeffer abschmecken. Mit der Parmesancreme und Basilikum anrichten.

unser TIPP für euch

Keinen frischen Basilikum im Haus? Dann verfeinert den Eintopf einfach mit einem Löffel selbst gemachtem oder gekauftem grünen Pesto. Das gibt sofort Würze und Aroma.

Dieses Symbol kennzeichnet Zutaten, die man auch selber machen kann. Rezept siehe download EXTRA rezeptemitherz-mag.de/downloads/

Kinder
lieben es, die
Lasagne-Nudeln in
Stücke zu brechen

MIT BRÄTKLÖSSCHEN
MIT GEMÜSEPOWER
TOMATENSOSSE KLASSIKER
MIT THUNFISCH

TOMATENSOSSE 4X ANDERS

Den roten Klassiker lieben alle Kinder. Und damit er selbst den Großen nie langweilig wird, sorgen schnelle Varianten für viel Abwechslung auf dem Teller. Na, welche wird euer Familienliebling? Lieber mit Thunfisch, würzigen Bällchen oder Extra-Gemüse?

TOMATENSOSSE KLASSIKER

15 Min. · leicht · **4** Portionen

Zutaten:

1 Zwiebel, 1 Knoblauchzehe
2 EL Olivenöl
1 TL getrockneter Oregano
1 Dose Tomaten (400 g)
2 TL Tomatenmark, 150 g Wasser
Salz, Pfeffer, Zucker

1. Zwiebel und Knoblauch abziehen, in den Mixtopf geben und **5 Sek./Stufe 5** zerkleinern. Öl und Oregano zugeben und **2,5 Min./120 °C (TM 31®: Varoma)/Stufe 1** andünsten.

2. Tomaten, Tomatenmark und Wasser zugeben, mit Salz und Pfeffer würzen und **10 Min./100 °C/Stufe 2** köcheln.

3. Soße **30 Sek./Stufe 10** pürieren. Mit Salz, Pfeffer und etwas Zucker abschmecken.

Pro Portion:
ca. 70 kcal – **5** g E – **21** g F – **17** g KH

unser TIPP für euch

Die Soße mit 400 g Spaghetti und geriebenem Parmesan servieren. Sie schmeckt aber auch zu den Polentaschnitten von Seite 127, zu gedünstetem Brokkoli, lässt sich für Cannelloni, Lasagne und andere Aufläufe verwenden. Ihr könnt sie auch prima auf Vorrat einfrieren, daher am besten gleich die doppelte Menge machen

TOMATENSOSSE MIT BRÄTKLÖSSCHEN

25 Min. · leicht · **4** Portionen

Zutaten:

Tomatensoße Klassiker (Rezept siehe links),
2 grobe Bratwürste (à ca. 100 g; besonders lecker ist Salsiccia, eine würzige italienische Bratwurst)

1. Tomatensoße wie im Rezept Klassiker beschrieben vorbereiten.

2. Brät portionsweise aus den Wurstpellen drücken und mit leicht angefeuchteten Händen zu walnussgroßen Bällchen rollen. In den Varoma legen, auf den Mixtopf setzen. Soße und Bällchen **20 Min./Varoma/Stufe 2** garen.

3. Varoma abnehmen. Messbecher draufsetzen! Soße wie im Klassiker-Rezept beschrieben pürieren und abschmecken. Brätbällchen in die Soße rühren.

Pro Portion:
ca. 210 kcal – **7** g E – **18** g F – **5** g KH

TOMATENSOSSE MIT THUNFISCH

20 Min. | leicht | **4** Portionen

Zutaten:

Tomatensoße Klassiker (Rezept siehe S. 31), 100 g tiefgekühlte Erbsen, 1 Dose Thunfisch naturell (185 g Abtropfgewicht), 3 Stiele Basilikum, nach Belieben abgeriebene Bio-Zitronenschale

1. Tomatensoße wie im Rezept Klassiker beschrieben zubereiten und pürieren.

2. Erbsen und abgegossenen Thunfisch zugeben, mit dem Spatel durchrühren und **ca. 5 Min./80 °C/Stufe 1** erwärmen.

3. Inzwischen Basilikumblätter in Streifen schneiden. Soße mit Salz, Pfeffer und nach Belieben Zitronenschale abschmecken und mit Basilikum bestreut servieren.

Pro Portion:
ca. 190 kcal – **13** g E – **12** g F – **8** g KH

unser TIPP für euch

Für Erwachsene noch 5 TL abgetropfte Kapern unter die Soße rühren

TOMATENSOSSE MIT GEMÜSEPOWER

20 Min. | leicht | **4** Portionen

Zutaten:

Tomatensoße Klassiker (Rezept siehe S. 31), 125 g Knollensellerie 1 Möhre, 1 kleine Zucchini

1. Zwiebeln und Knoblauch wie im Rezept Tomatensoße Klassiker angegeben zerkleinern und andünsten.

2. Inzwischen Sellerie, Möhre und Zucchini putzen bzw. schälen. In Stücken zugeben und weitere **5 Min./120 °C (TM 31®: Varoma)/Stufe 1** dünsten.

3. Dann wie im Rezept Tomatensoße Klassiker beschrieben weiterverfahren.

Pro Portion:
ca. 95 kcal – **3** g E – **6** g F – **8** g KH

unser TIPP für euch

Perfekt, um kleinen Gemüsemuffeln eine gute Portion Veggie-Power unterzumogeln ... Ihr könnt auch andere Gemüsesorten verwenden, z.B. Kürbis oder Staudensellerie. Serviert die Soße doch auch mal zu Gnocchi oder mit einem Schuss Sahne verfeinert als Tomaten-Rahmsoße zu Bratwürstchen, Chicken Nuggets oder Minuten-Schnitzelchen.

WÜRSTCHEN-GULASCH

25 Min. | leicht | 4 Portionen

Zutaten:

1 Zwiebel, 25 g Olivenöl
300 g Kartoffeln
1 ½ Paprikaschoten (rot, gelb, grün)
20 g Tomatenmark
50 g Tomatenketchup
550 g heißes Wasser
1 gehäufter TL Gemüsebrühpulver oder -paste
250 g Wiener Würstchen

1. Zwiebel in den Mixtopf geben, 5 Sek./Stufe 5 zerkleinern. Das Olivenöl hinzugeben und 3 Min./120°C (TM31: Varoma)/Stufe 2 andünsten.

2. Kartoffeln und Paprika in kleine Würfel schneiden und in den Mixtopf geben.

3. Die restlichen Zutaten, bis auf die Würstchen, hinzugeben und 18 Min./110 °C (TM31: 100 °C)/ Linkslauf/Rührstufe garen.

4. Inzwischen die Würstchen in Scheiben schneiden. In den Mixtopf geben und das Gulasch in weiteren 3 Min./110 °C (TM31: 100 °C)/ Linkslauf/Rührstufe fertig garen.
Dazu schmeckt Bauernbrot.

Pro Portion:
ca. 360 kcal – **13** g E – **26** g F – **19** g KH

unser TIPP für euch

Gulasch mit einem Klecks Schmand und Petersilie servieren

TORTELLINI-PILZSUPPE

25 Min. | leicht | 4 Portionen

Zutaten:

1 Zwiebel, 500 g weiße Champignons
25 g Öl, 1 EL Mehl, 500 g Wasser
1 TL Gemüsebrühpulver oder -paste
200 g Schlagsahne
300 g Tortellini aus dem Kühlregal (mit Käsefüllung)

Pro Portion:
ca. 400 kcal – **13** g E – **27** g F – **30** g KH

1. Zwiebel abziehen und in den Mixtopf geben. **5 Sek./Stufe 5** zerkleinern. Champignons zugeben und unter Zuhilfenahme des Spatels **5 Sek./Stufe 5** zerkleinern. Öl zugeben und **5 Min./120 °C (TM 31®: Varoma)/ Stufe 1** dünsten.

2. Mit Mehl bestäuben, dann Wasser und Gemüsebrühpulver zugeben und **10 Min./100 °C/Stufe 1** kochen.

3. Sahne zugeben und **30 Sek./Stufe 8** pürieren, dabei langsam hochschalten.

4. Tortellini zugeben und **5 Min./ 100 °C/Linkslauf/Rührstufe** mitkochen.

In den TM 5® passen auch 500 g Tortellini, wenn ihr die ganze Packung aufbrauchen möchtet

unser TIPP für euch

LINSENSUPPE MIT JOGHURT

25 Min. · leicht · 4 Portionen

Zutaten:

2 kleine Zwiebeln
2 Möhren
20 g Öl
180 g rote Linsen
800 g Wasser
1 EL Gemüsebrühpulver oder -paste
180 g Naturjoghurt
30 g + eventuell noch etwas Limettensaft
Salz und Pfeffer

1. Zwiebeln und Möhren schälen und in Stücken in den Mixtopf geben. **10 Sek./Stufe 5** zerkleinern. Öl zugeben und **2,5 Min./Varoma/Stufe 1** andünsten.

2. Linsen, Wasser und Gemüsebrühpulver zugeben und **17 Min./100 °C/Stufe 2** kochen. Danach Joghurt und Limettensaft zugeben, **1 Min./Stufe 8** pürieren, dabei langsam hochschalten.

3. Linsensuppe mit Salz und Pfeffer und eventuell noch etwas Limettensaft abschmecken. Nach Belieben mit etwas Joghurt beträufeln.

Pro Portion:
ca. 280 kcal – **14** g E – **11** g F – **31** g KH

unser TIPP für euch

Sättigender wird es mit Hackbällchen von S. 38/39 als Einlage

unser TIPP für euch

Vorsicht, die Nudeln und der Topf dürfen nicht zu heiß sein, wenn die Eiermasse zugegeben wird. Sonst stockt das Ei zu schnell und statt cremiger Soße bildet sich flockiges Rührei

SPAGHETTI CARBONARA MIT PAPRIKA

25 Min. | leicht | 4 Portionen

Zutaten:
400 g Spaghetti,
60 g Parmesan, 2 sehr frische Eier,
Salz und Pfeffer, 1 Knoblauchzehe,
1 rote Paprikaschote, 1 EL Olivenöl,
100 g magere Schinkenspeckwürfel,
2 EL gehackte Petersilie

Pro Portion:
ca. 540 kcal – **27** g E – **15** g F – **74** g KH

1. Spaghetti in Salzwasser nach Packungsanweisung garen.

2. Inzwischen Parmesan in den Mixtopf geben und **10 Sek./Stufe 6** zerkleinern. Eier zugeben, mit Salz und Pfeffer würzen und **20 Sek./Stufe 4** verrühren, umfüllen. Mixtopf säubern.

3. Knoblauch abziehen und **7 Sek./Stufe 5** zerkleinern. Paprika in kleine Würfel schneiden und in den Mixtopf geben. Öl und Schinkenspeckwürfel zugeben und **8 Min./120 °C (TM 31®: Varoma)/Stufe 1** auslassen.

4. Nudeln abgießen, zurück in den Topf geben und **ca. 5 Minuten** abkühlen lassen. Dann die Eiermasse zugeben und unterrühren, bis die Nudeln von einer cremigen Soße überzogen sind. Speckmischung zugeben und untermischen. Nudeln mit Salz und Pfeffer abschmecken und mit Petersilie bestreut anrichten.

HACKBÄLLCHEN 4X ANDERS

Egal ob zu Nudel- oder Kartoffelsalat, mit Tomatensoße und Reis oder als Fingerfood bei der nächsten Party – die kommen immer gut an und rollen rein wie von selbst

WÜRZIGER KLASSIKER

20 Min. | leicht | ca. 25 Stück

Zutaten:
80 g Semmelbrösel
1 TL getrockneter Majoran
50 g Milch, 1 Zwiebel
500 g gemischtes Hack
1 EL mittelscharfer Senf
1 TL Paprikapulver edelsüß
Salz, Pfeffer
1–2 EL Öl zum Braten

1. Semmelbrösel und Majoran in den Mixtopf geben, mit Milch übergießen. Zwiebel abziehen, in Stücken in den Mixtopf geben und **10 Sek./Stufe 5** zerkleinern.

2. Hack, Senf, Paprika, Salz und Pfeffer zugeben und **2 Min./Teigstufe** vermengen. Masse zu walnussgroßen Bällchen formen.

3. Öl in einer großen beschichteten Pfanne erhitzen. Hackbällchen darin rundherum **7-10 Minuten** braten.

Pro Stück:
ca. 55 kcal – **4** g E – **3** g F – **2** g KH

unser TIPP für euch

Mit leicht angefeuchteten Händen lässt sich die Masse besser zu Bällchen formen

ITALO-HACKBÄLLCHEN

25 Min. | leicht | ca. 25 Stück

Zutaten:
2 EL gehackte Pinienkerne
30 g getrocknete Tomaten
500 g mageres Rinderhack
2 EL tiefgekühltes Basilikum
1 kleines Ei
1 EL Tomatenmark
Salz, Pfeffer
2 EL Olivenöl

1. Pinienkerne in einer großen beschichteten Pfanne ohne Fett anrösten, bis sie duften. Sofort in den Mixtopf umfüllen. Tomaten zugeben und beides **5 Sek./Stufe 3** zerkleinern.

2. Hack, Basilikum, Ei, Tomatenmark, Salz und Pfeffer zugeben und alles **2 Min./Teigstufe** vermengen. Aus der Masse walnussgroße Bällchen formen.

3. Öl in der Pfanne erhitzen. Hackbällchen darin rundherum **7-10 Minuten** braten.

Pro Stück:
ca. 60 kcal – **5** g E – **4** g F – **1** g KH

EXOTISCHE GEFLÜGEL-HACKBÄLLCHEN

25 Min. | leicht | ca. 25 Stück

Zutaten:
500 g Hähnchenbrustfilets
1 Zwiebel, 1 kleiner Apfel
80-100 g Paniermehl (je nachdem, wie saftig der Apfel ist)
2 TL milde gelbe Thai-Currypaste
Salz, Pfeffer
2 EL Öl

1. Filets in Würfel schneiden, auf einen Teller legen und **ca. 5 Minuten** einfrieren.

2. Inzwischen Zwiebel abziehen und in grobe Stücke schneiden. Apfel schälen, vierteln und entkernen. Beides in den Mixtopf geben und **10 Sek./Stufe 5** zerkleinern. Umfüllen.

3. Hähnchenwürfel in den Mixtopf geben und **10 Sek./Stufe 8** zerkleinern. Zwiebel, Apfel, Paniermehl, Currypaste, Salz und Pfeffer zugeben und **2 Min./Teigstufe** verkneten.

4. Aus der Masse walnussgroße Bällchen formen. Öl in einer großen beschichteten Pfanne erhitzen. Die Bällchen darin rundherum **7-10 Minuten** braten.

Pro Stück:
ca. 40 kcal – **1** g E – **3** g F – **2** g KH

VEGGIE-BÄLLCHEN

25 Min. | leicht | ca. 20 Stück

Zutaten:
1 Dose Kidneybohnen (265 g Abtropfgewicht), 50 g Haferflocken, 2 kleine rote Zwiebeln, 1 Knoblauchzehe, 3 EL tiefgekühlte Petersilie, 2 TL mittelscharfer Senf, 2 TL geräuchertes Paprikapulver (ersatzweise Paprikapulver edelsüß), Salz, Pfeffer, 3 EL Öl

1. Bohnen abgießen, kalt abspülen und gut abtropfen lassen. Haferflocken in den Mixtopf geben und **10 Sek./Stufe 10** zu Mehl mahlen, umfüllen. Zwiebeln und Knoblauchzehe abziehen, in Stücken in den Mixtopf geben und **5 Sek./Stufe 5** zerkleinern.

2. Bohnen, Petersilie, Hafermehl, Senf, Paprika, Salz und Pfeffer zur Zwiebelmischung in den Mixtopf geben und alles **2 Min./Teigstufe** verkneten. Masse zu walnussgroßen Bällchen formen.

3. Öl in einer großen beschichteten Pfanne erhitzen. Die Bällchen darin rundherum ca. **10 Minuten** braten.

Pro Stück:
ca. 35 kcal – **1** g E – **1** g F – **3** g KH

unser TIPP für euch

Die Bällchen schmecken super mit Kräuterquark als Dip

BOHNENSUPPE MIT DEBREZINER

25 Min. | leicht | 4 Portionen

Zutaten:
1 Zwiebel, 1 rote Paprikaschote,
2 EL Olivenöl, 75 g Schinkenspeckwürfel,
25 g Tomatenmark,
1 Dose Tomaten (400 g),
2 gehäufte TL Gemüsebrühpulver
oder -paste, ca. 300 g Wasser,
300 g Debreziner, 1 Dose weiße Bohnen
mit Suppengrün (530 g Abtropfgewicht),
1 TL edelsüßes Paprikapulver,
Salz, Pfeffer

1. Zwiebel abziehen, in groben Stücken in den Mixtopf geben und **5 Sek./Stufe 5** zerkleinern.

2. Paprika putzen und in großen Stücken in den Mixtopf geben, **3 Sek./Stufe 5** zerkleinern.

3. Olivenöl, Schinkenspeckwürfel und Tomatenmark hinzufügen, **5 Min./120 °C (TM31: Varoma)/Linkslauf/Stufe 1** andünsten.

4. Waage aktivieren, Tomaten und Gemüsebrühpulver hinzufügen und mit Wasser auf insgesamt 750 g auffüllen, **10 Min./100 °C/Linkslauf/Rührstufe** aufkochen.

5. Debreziner in schmale Scheiben schneiden, in den Mixtopf geben. Bohnen samt Flüssigkeit sowie Paprikapulver hinzufügen und **8 Min./100 °C/Linkslauf/Rührstufe** aufkochen lassen. Mit Salz und Pfeffer abschmecken.

Pro Portion:
ca. 450 kcal – **25** g E – **31** g F – **20** g KH

EIER-KARTOFFEL-CURRY

25 Min. | leicht | **4** Portionen

Zutaten für den Reis:

1 Tasse Basmati-Reis (ca. 250 g)
2 Tassen kochendes Wasser
1 TL Salz

Zutaten für das Curry:

1 Dose Kokosmilch (400 g)
200 g Wasser, 1 EL Currypulver
1 TL Salz, 500 g Kartoffeln (geschält gewogen), 6 Eier
2 TL Speisestärke + etwas Wasser

1. Reis auf dem Herd kochen. Dafür Reis, Wasser und Salz in einen Topf geben und zugedeckt köcheln, bis das Wasser verschwunden ist.

2. Inzwischen Kokosmilch mit Wasser, Currypulver und Salz in den Mixtopf geben und **10 Sek./Stufe 3** verrühren.

3. Kartoffeln würfeln, in die Kokosmilch geben. Deckel schließen. 6 Eier in den Varoma legen, obendrauf stellen. **15 Min./Varoma/ Linkslauf/Rührstufe** kochen.

4. Stärke mit etwas kaltem Wasser glatt rühren. Varoma-Aufsatz abnehmen, Stärke in den Mixtopf geben und mit dem Spatel kurz durchrühren. Danach mit dem Varoma-Aufsatz noch mal **5 Min./Varoma/ Linkslauf/Rührstufe** kochen.

5. Eier abschrecken, pellen und halbieren, zu den Kartoffeln in die Soße geben. Mit Reis servieren.

Pro Portion:
ca. **540** kcal – **17** g E – **34** g F – **44** g KH

TURBO-REZEPTE – FERTIG IN 25 MINUTEN

SÜSSE MILCHNUDELN

25 Min. | leicht | **4** Portionen

Zutaten:

375 g Milch, 120 g Schlagsahne,
Mark von einer halben Vanilleschote + ausgekratzte Schote, 45 g brauner Zucker,
150 g Fusilli,
brauner Zucker und Zimt zum Servieren

Pro Portion:
ca. 350 kcal – **8** g E – **13** g F – **49** g KH

1. Milch, Sahne, Vanillemark und -schote in den Mixtopf geben und 5 Min./100 °C/ Linkslauf/Stufe 2 aufkochen.

2. Zucker und Fusilli hinzugeben und 17 Min./100 °C/ Linkslauf/Rührstufe kochen. Sobald die Masse kocht, den Messbecher abnehmen!

3. Vanilleschote herausnehmen. Die Milchnudeln anrichten. Zucker und Zimt mischen und dazu servieren.

Lecker dazu
ist ein Obstsalat oder die Kirschen von Seite 20

Rezepte mit Herz

kreativ & fix mit meinem THERMOMIX®

6 AUSGABEN FÜR 5

Jetzt bestellen!

Neu!

Ihre Vorteile

- 1 Ausgabe kostenlos
- Portofrei bequem nach Hause
- Keine Ausgabe mehr verpassen
- Pünktliche Lieferung

Jetzt 6 Ausgaben Rezepte mit Herz zum Vorteilspreis von nur 24,50 € (statt 29,40 €) lesen oder verschenken

EINFACH ONLINE BESTELLEN: WWW.REZEPTEMITHERZ-MAG.DE/ABO/

Coupon ausfüllen und an diese Adresse senden:

Kundenservice Rezepte mit Herz
Römerstraße 90
79618 Rheinfelden

rezeptemitherz@bpv-medien.de
Tel. 0049 76 23/96 41 56
Fax 0049 76 23/96 44 51
www.rezeptemitherz-mag.de/abo/

VERTRAUENSGARANTIE
Sie können Ihre Bestellung innerhalb von vier Wochen nach Vertragsschluss ohne Angabe von Gründen mittels einer eindeutigen Erklärung (z. B. E-Mail, Brief, Fax) beim Kundenservice Rezepte mit Herz, Römerstraße 90, 79618 Rheinfelden, widerrufen. Zur Wahrung der Frist genügt die rechtzeitige Absendung. Die Frist beginnt nach Erhalt dieser Garantie in Textform, jedoch nicht vor Eingang der Ware. Weitere Informationen finden Sie unter **www.rezeptemitherz-mag.de/agb/**

Die Zeitschrift Rezepte mit Herz erscheint bei konstanzemedia, konzeption&kommunikation, Langmatt 11, 77770 Durbach

JA, ich bestelle Rezepte mit Herz!

Ich erhalte die Zeitschrift im ersten Jahr zum Vorteilspreis von z. Zt. **24,50 € inkl. MwSt.** statt 29,40 € inkl. MwSt. pro Jahr bequem nach Hause gesandt. Ich bekomme **6 Ausgaben und bezahle nur 5 Ausgaben!** Das Abo kann ich nach Ablauf eines Jahres jederzeit wieder schriftlich kündigen. Auslandskonditionen auf Anfrage unter **Tel. 0049 76 23/96 41 56.**

NAME VORNAME

STRASSE NUMMER

PLZ ORT

TELEFON GEBURTSDATUM

E-MAIL

○ Ja, ich bin damit einverstanden, dass mich Rezepte mit Herz und konstanzemedia schriftlich, telefonisch oder per E-Mail über interessante Medienangebote informieren. Mein Einverständnis ist freiwillig und kann jederzeit widerrufen werden (z. B. per E-Mail an rezeptemitherz@bpv-medien.de).

○ Ja, ich möchte per E-Mail den kostenlosen Rezepte mit Herz-Newsletter mit aktuellen Tipps und Angeboten erhalten!

○ für mich ○ als Geschenk

DAS GESCHENKABO GEHT AN:

NAME VORNAME

STRASSE NUMMER

PLZ ORT

TELEFON GEBURTSDATUM

E-MAIL

○ Ich bezahle bequem und bargeldlos per Bankeinzug.

SEPA-Lastschriftmandat: Ich ermächtige kontanzemedia, wiederkehrende Zahlungen von meinem Konto mittels Lastschrift einzuziehen. Zugleich weise ich mein Kreditinstitut an, die vom Verlag auf mein Konto gezogenen Lastschriften einzulösen. Hinweis: Ich kann innerhalb von acht Wochen, beginnend mit dem Belastungsdatum, die Erstattung des belasteten Betrags verlangen. Es gelten dabei die mit meinem Kreditinstitut vereinbarten Bedingungen.

DE

IBAN BLZ KONTO-NR.

Zahlungsempfänger: konstanzemedia, konzeption&kommunikation, Langmatt 11, 77770 Durbach. Gläubiger-ID DE17ZZZ00001947520

○ Ich bezahle mit Rechnung.

DATUM UNTERSCHRIFT

Perfekte Planung

Gut geplant, ist halb gekocht und als „Meal Prep“ schwer im Trend. Kein Wunder, denn durch das Vorbereiten und Vorkochen von Mahlzeiten lassen sich Zeit, Geld und Nerven sparen. So werdet ihr in 6 Schritten zum Meal-Prep-Profi

1

Nehmt euch an einem Tag in der Woche etwas Zeit, um mit unserem Wochenplaner in der Heftmitte das Essen für die nächsten Tage zu planen. So habt ihr einen Überblick und könnt alle nötigen Zutaten mit nur ein oder zwei Einkäufen besorgen. Pro-Tipp: Jedes Familienmitglied darf sich ein Lieblingsgericht wünschen. So ist die Liste schneller voll und die Chance, dass alle zufrieden sind am Tisch, größer.

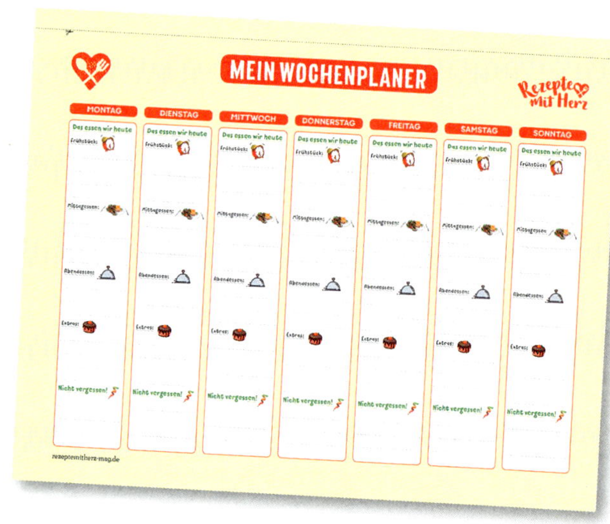

2

Geht euren Essensplan genau durch und macht euch einen Zeitplan: welche Gerichte lassen sich wie weit im Voraus vorbereiten? Was muss frisch gemacht werden? Welche Gerichte lassen sich teilweise vorbereiten und dann mit wenigen Handgriffen vor dem Essen fertigstellen? Wo kann vielleicht eine Beilage vorbereitet werden? Ganz Clevere planen so, dass sie z.B. gleich mehr Nudeln zur Tomatensoße kochen und die übrigen Nudeln dann für den Nudelauflauf am nächsten Tag verwenden.

3

Gleicht den Wochen- und den Zeitplan mit eurem Alltag ab: an welchen Tagen muss es besonders schnell gehen? Wann könnt ihr euch ein bisschen mehr Zeit zum Kochen nehmen und aufwendigere Gerichte zubereiten? Bringen die Kinder an manchen Tagen vielleicht Freunde mit oder steht eine Einladung an, zu der was zu essen mitgebracht werden muss? Stellt die Pläne so um, dass der Zeitaufwand zu eurem Alltag passt.

4

Ihr habt unter der Woche wenig Zeit für die Zubereitung der Mahlzeiten? Dann nehmt euch ein paar Stunden Zeit am Wochenende, um alle oder einen Teil der Gerichte vorzukochen. Im Kühlschrank oder in der Gefriertruhe warten die Leckerbissen dann auf ihren Einsatz. Warum nicht ein Familienevent daraus machen und alle mithelfen lassen? Das macht Spaß, beschäftigt die Kinder und vermittelt ihnen gleichzeitig jede Menge Wissen über Lebensmittel und Kochen.

5

Damit alles frisch bleibt, die Gerichte so planen, dass leicht Verderbliches und Empfindliches wie Fleisch, Fisch, Kräuter, Salat oder manche Gemüsesorten als Erstes verbraucht wird.

6

Ein guter Vorrat sorgt dafür, dass die Einkaufsliste nicht zu lang wird und selbst wenn mal gar keine Zeit zum Besorgen von Frischem ist, die Küche nicht kalt bleiben muss. Macht euch dazu am besten eine Liste von Zutaten, die ihr oft verwendet, wie z.B. Tomaten aus der Dose, tiefgekühltes Gemüse, Grieß, Nudeln, Reis und Ähnliches und sorgt dafür, dass das regelmäßig nachgekauft wird.

Eiskalter Vorrat

Diese Gerichte lassen sich super einfrieren. Es lohnt sich also, gleich etwas mehr für den Vorrat zu machen. So habt ihr, wenn die Zeit mal wieder knapp ist, schnell was Feines auf dem Tisch

Ist das noch frisch?

So lange halten sich eure essbaren Schätze

Was	*Wie lange*
Rohkost-Salat	*1-2 Tage im Kühlschrank*
Salat-Dressing	*ca. 5 Tage im Kühlschrank*
Gekochte Nudeln, Kartoffeln, Reis	*ca. 2 Tage im Kühlschrank, Reis eingefroren ca. 3 Monate*
Suppen und Soßen	*2-3 Tage im Kühlschrank, eingefroren bis zu 6 Monate*
Fleischgerichte	*1-2 Tage im Kühlschrank, eingefroren 3-6 Monate*
Fischgerichte	*1 Tag im Kühlschrank, eingefroren 3-4 Monate*
Gemüsegerichte	*2 Tage im Kühlschrank, eingefroren 3-6 Monate*
Desserts	*1-3 Tage im Kühlschrank*
Herzhaftes Gebäck	*2-3 Tage im Kühlschrank, eingefroren ca. 3 Monate*
Süßes Gebäck (ohne Creme;	
z.B. Muffins oder Hefekuchen)	*Abgedeckt 3-5 Tage, eingefroren ca. 3 Monate*
Brotaufstriche	*7-10 Tage im Kühlschrank*
Dips und Pesto	*Bis zu 5 Tage im Kühlschrank*

LIEBLINGSESSEN FÜR EILIGE

Keine Zeit? Kein Problem! Denn mehr als ein halbes Stündchen braucht ihr nicht, um ohne Stress und Fix-Produkte ein Essen auf den Tisch zu zaubern, das die ganze Familie glücklich macht. Der Trick dabei: geniale Rezepte, die auch nach Feierabend noch gelingen und bei denen nicht ihr, sondern der Thermi die meiste Arbeit erledigt

HÄHNCHEN-SPIESSE MIT GEMÜSE IN PARMESAN-ZITRONEN-SOSSE

30 Min. | leicht | **4** Personen

Zutaten:

500 g Hähnchenbrustfilets
Salz
Pfeffer
1 EL Butterschmalz
1 kleine Zucchini (ca. 200 g)
150 g kleine Champignons
50 g Parmesan
1 Knoblauchzehe
15 g Butter
50 g Olivenöl
2 gehäufte TL Speisestärke
300 g Hühnerbrühe
70 g Milch
50 g Schlagsahne
Saft und Schale von ½ Bio-Zitrone
nach Belieben 2 EL Kapern

1. Filets mit Salz und Pfeffer würzen. Im Schmalz rundherum anbraten. In Würfel (ca. 2 x 2 cm) schneiden.

2. Zucchini in ca. 1 cm breite Scheiben schneiden. Pilze säubern. Filetwürfel, Zucchini und Pilze im Wechsel auf Spieße stecken.

3. Backofen auf 60 °C (Umluft) vorheizen. 1 l Wasser in den Mixtopf geben, Varoma aufsetzen und die Spieße 15 Min./Varoma/Stufe 1 garen. Im Ofen warmhalten.

4. Mixtopf säubern. Parmesan in den Mixtopf geben und 6 Sek./Stufe 8 zerkleinern, umfüllen.

5. Knoblauch in den Mixtopf geben, 5 Sek./Stufe 5 zerkleinern. Butter und Öl hinzugeben und 3 Min./Varoma/Stufe 2 andünsten.

6. Stärke, Brühe, Milch und Sahne hinzugeben und 7 Min./100 °C/Stufe 2 aufkochen. Parmesan, Zitronensaft und -schale und nach Belieben Kapern hinzugeben und 2 Min./Linkslauf/Stufe 2 untermischen.

7. Parmesan-Zitronen-Soße mit Salz und Pfeffer abschmecken und zu den Spießen servieren. Dazu schmeckt z.B. der Tomaten-Reis von Seite 129, aber auch normaler Reis oder Kartoffeln.

Pro Portion:
ca. 570 kcal – **50** g E – **32** g F – **20** g KH

unser TIPP für euch

Das Gemüse könnt ihr nach Lust und Laune oder Geschmack eurer Kinder variieren und z.B. Paprikawürfel statt Pilze verwenden

Dieses Symbol kennzeichnet Zutaten, die man auch selber machen kann. Rezept siehe download EXTRA rezeptemitherz-mag.de/downloads/

PFANNKUCHEN 4X ANDERS

Egal ob süß oder herzhaft: Die Teigfladen sind bei der ganzen Familie heiß begehrt und kommen immer gut an. Denn sie schmecken schon zum Frühstück, als unkompliziertes Mittagessen oder statt Abendbrot, schonen die Haushaltskasse und sind schnell gezaubert

PFANNKUCHEN MIT CRANBERRY-APFEL-KOMPOTT

30 Min. | leicht | **4** Portionen

Zutaten für die Pfannkuchen:
200 g Dinkelmehl (Type 630)
4 EL Öl
350 g Milch
4 Eier
2 EL Zucker
2 TL Vanilleextrakt (Fertigprodukt oder selbst gemacht)
abgeriebene Schale einer Bio-Zitrone
1 Prise Salz
2 EL Öl zum Braten

Zutaten für das Kompott:
2 kleine Äpfel (ca. 300 g)
Saft einer halben Zitrone
200 g Cranberrys (frisch oder tiefgekühlt; ersatzweise 1 Apfel mehr verwenden)
100 g Rohrzucker
115 g Orangensaft
1 Sternanis
50 g getrocknete Cranberrys

1. Für den Pfannkuchenteig alle Zutaten, bis auf das Öl, in den Mixtopf geben und 20 Sek./Stufe 5 vermischen und umfüllen. Mixtopf säubern.

2. Backofen auf 60 °C (Umluft) vorheizen. Öl portionsweise in zwei beschichteten Pfannen erhitzen. Pro Pfannkuchen eine kleine Schöpfkelle Teig in eine Pfanne geben und durch Schwenken der Pfanne gleichmäßig verteilen. Pro Seite 2-3 Minuten goldbraun backen. Fertige Pfannkuchen im Ofen warm halten. Auf diese Weise 10-12 Pfannkuchen backen.

3. Während die Pfannkuchen backen, für das Kompott Äpfel schälen, vierteln, entkernen, in den Mixtopf geben, 3 Sek./Stufe 4 zerkleinern und umfüllen. Mit Zitronensaft mischen.

4. Frische bzw. tiefgekühlte Cranberrys in den Mixtopf geben, Zucker, die Hälfte des Orangensafts und Sternanis hinzufügen, 7 Min./100 °C/Linkslauf/Stufe 0,5 kochen.

5. Äpfel und getrocknete Cranberrys hinzufügen, übrigen Orangensaft hinzufügen und weitere 7 Min./100 °C/Linkslauf/Stufe 0,5 kochen. Sternanis aus dem Kompott entfernen.

6. Pfannkuchen mit Kompott servieren.

Pro Portion:
ca. 640 kcal – **17** g E – **21** g F – **131** g KH

PANCAKES

30 Min. | leicht | 4 Portionen

Zutaten:
50 g Mandelkerne ohne Haut, 100 g Dinkelmehl (Type 630), 1 TL Backpulver, 1 Prise Salz, 1 Ei, 150 g Milch, 2-3 EL Butterschmalz, ca. 100 ml Ahornsirup zum Servieren

1. Mandeln in den Mixtopf geben, 10 Sek./Stufe 10 zu Mehl vermahlen.

2. Mehl, Backpulver, Salz, Ei und Milch hinzufügen, 10 Sek./Stufe 4 vermischen. An den Seiten herunterschieben. Erneut 10 Sek./Stufe 4 vermischen und den Teig ca. 10 Minuten ruhen lassen.

3. Butterschmalz nach und nach in einer großen beschichteten Pfanne erhitzen. Pro Pancake ca. 2 EL Teig in die Pfanne geben und etwas flach streichen. 3-4 Minuten backen, bis an der Oberfläche kleine Bläschen aufsteigen, dann umdrehen und weitere ca. 2 Minuten goldbraun backen. Auf diese Weise ca. 12 Pancakes backen. Mit Ahornsirup und nach Belieben noch frischen Früchten servieren.

Pro Portion:
ca. 330 kcal – **9** g E – **16** g F – **37** g KH

unser TIPP für euch

Fertige Pancakes bis zum Servieren bei 60 °C (Umluft) im Backofen warmhalten

HERZHAFTER OFENPFANNKUCHEN

30 Min. | leicht | 4 Portionen

Zutaten:
1 EL Öl
50 g gesalzene Pistazienkerne
180 g tiefgekühlter Blattspinat (portionierbar)
125 g Milch
75 g kaltes Mineralwasser
125 g Mehl
1 TL Backpulver
5 Eier
Salz
Muskatnuss
180 g Schinkenspeck in Scheiben
150 g Ziegenfrischkäse (natur oder Tomate-Paprika-Basilikum-Geschmack)

Schmeckt warm oder kalt

1. Backblech mit Backpapier belegen und mit 1 EL Öl einpinseln. Backofen samt Backblech auf 180 °C (Umluft) vorheizen.

2. Pistazien in den Mixtopf geben, 3 Sek./Stufe 6 zerkleinern, umfüllen.

3. Spinat und Milch in den Mixtopf geben und 5 Min./100 °C/Stufe 1 dünsten. Mineralwasser, Mehl, Backpulver und Eier zum Spinat in den Mixtopf geben und 10 Sek./Stufe 4 vermischen. Mit Salz und Muskat würzen.

4. Heißes Backblech aus dem Ofen nehmen, auf eine feuerfeste Unterlage stellen. Eimasse auf das Blech gießen. Speck und Ziegenkäse in Flöckchen gleichmäßig darauf verteilen. Mit gehackten Pistazien bestreuen.

5. Pfannkuchen im heißen Ofen ca. 20 Minuten backen. Pfannkuchen aus dem Ofen nehmen, mit Hilfe des Backpapiers von einer Längsseite her aufrollen und in Stücke schneiden.

Pro Portion:
ca. 470 kcal – **30** g E – **27** g F – **27** g KH

unser TIPP für euch

Statt Pistazien könnt ihr auch die preiswerteren Mandelkerne verwenden

JAPANISCHER PFANNKUCHEN

30 Min. | leicht | 4 Portionen

Zutaten:

140 g Bacon (Frühstücksspeck in Scheiben)
250 g Weißkohl
4 Frühlingszwiebeln
65 g eingelegter Sushi-Ingwer (ersatzweise 40 g fein geschnittenen frischen Ingwer mit 1 EL Weißweinessig und 1 TL Zucker mischen)
125 g Mehl, 125 g Wasser,
3 Eier, 1 TL Salz,
nach Belieben Mayonnaise und Sojasauce zum Servieren

1. Eine große beschichtete Pfanne mit Bacon auslegen und bei mittlerer Hitze etwas auslassen.

2. Inzwischen Weißkohl und Frühlingszwiebeln in grobe Stücke schneiden, in den Mixtopf geben, 3 Sek./Stufe 6 zerkleinern und umfüllen.

3. Ingwer in den Mixtopf geben und 2 Sek./Stufe 5 zerkleinern, zur Gemüse-Mischung geben. Mixtopf säubern.

4. Mehl, Wasser, Eier und Salz in den Mixtopf geben und 10 Sek./Stufe 4 verrühren.

5. Gemüse-Mischung dazugeben und 10 Sek./Linkslauf/Stufe 2 vermischen, dabei ggf. den Spatel zur Hilfe nehmen.

6. Masse in die heiße Pfanne mit den Baconscheiben geben und ca. 10 Minuten pro Seite braten, dabei die Pfanne mit Deckel oder Alufolie verschließen. Pfannkuchen nach Belieben mit Mayonnaise und Sojasauce servieren.

Pro Portion:
ca. 315 kcal – **15** g E – **16** g F – **28** g KH

unser TIPP für euch

So dreht ihr den Pfannkuchen ganz einfach um: Pfannkuchen mit einem Pfannenwender vom Pfannenrand lösen und auf einen großen flachen Topfdeckel oder Teller gleiten lassen. Die Pfanne über den Pfannkuchen stülpen und alles rasch umdrehen, sodass der Pfannkuchen mit der noch ungebackenen Seite nach unten in der Pfanne liegt. Für ein vegetarisches Hauptgericht den Bacon einfach weglassen!

BRATKARTOFFELSUPPE

30 Min. | leicht | 4 Portionen

Zutaten:
1 Zwiebel, 20 g + 1-2 EL Öl,
1000 g vorwiegend festkochende Kartoffeln,
1000 g Wasser, 3 EL Röstzwiebeln,
1 EL Gemüsebrühpulver oder -paste (Fertigprodukt oder selbst gemacht),
¼ TL edelsüßes Paprikapulver,
¼ TL getrockneter Majoran,
Salz, Pfeffer,
200 g Schlagsahne

1. Zwiebel abziehen und in den Mixtopf geben. 5 Sek./Stufe 5 zerkleinern. **20 g Öl** zugeben und 2,5 Min/120 °C (TM 31®: Varoma)/Stufe 1 dünsten.

2. Kartoffeln schälen. **500 g** Kartoffeln in Stücken zur Zwiebel in den Mixtopf geben und 5 Sek./Stufe 5 zerkleinern. Wasser, Gemüsebrühe, Röstzwiebeln und Gewürze zugeben, 20 Min./100 °C/Stufe 1 kochen.

3. Währenddessen die übrigen Kartoffeln in kleine Würfel schneiden und in einer großen beschichteten Pfanne in **1-2 EL Öl** knusprig braten. Mit Salz würzen. Warm stellen.

4. Sahne zur Suppe geben und 30 Sek./Stufe 6 pürieren, dabei langsam hochschalten. Mit Salz und Pfeffer abschmecken. Suppe anrichten, mit Bratkartoffeln toppen.

Pro Portion:
ca. 455 kcal – **9** g E – **27** g F – **43** g KH

KARTOFFELTALER MIT SPINAT

30 Min. | leicht | 4 Portionen

Zutaten für die Taler:
50 g Gouda,
1 Packung Burgis Original Bayerischer Knödelteig (750 g; Kühlregal),
2 Eier, 40 g Mehl,
Salz, Pfeffer, 1 EL Öl

Zutaten für den Spinat:
1 Zwiebel, 20 g Öl, 600 g tiefgekühlter Blattspinat (portionierbar), 1 TL Gemüsebrühpulver oder -paste (Fertigprodukt oder selbst gemacht), 200 g Crème Fraîche, Salz, Pfeffer

Pro Portion:
ca. 560 kcal – **17** g E – **31** g F – **53** g KH

1. Für die Taler Gouda in den Mixtopf geben und 10 Sek./Stufe 6 zerkleinern.

2. Knödelteig in Stücken, Eier, Mehl, etwas Salz und Pfeffer zum Käse in den Mixtopf geben. Alles 30 Sek./Teigstufe vermischen, danach noch mal 1 Min./Stufe 4 vermischen. Masse in eine Schüssel füllen, beiseitestellen, Mixtopf säubern.

3. Für den Spinat Zwiebel abziehen und in den Mixtopf geben. 5 Sek./Stufe 5 zerkleinern. Öl zugeben und 2,5 Min./120 °C (TM 31®: Varoma)/Stufe 1 andünsten.

4. Gefrorenen Blattspinat, Gemüsebrühpulver oder -paste und Crème Fraîche zugeben und 10 Min./100 °C/Stufe 1 kochen. Anschließend 10 Sek./Stufe 6 zerkleinern und mit Salz und Pfeffer abschmecken.

5. Während der Spinat kocht, 1 EL Öl in einer großen beschichteten Pfanne erhitzen. Mit einem Esslöffel nach und nach in 2-3 Durchgängen insgesamt ca. 12 Häufchen der Kartoffel-Masse in die Pfanne geben, flach drücken und von beiden Seiten in 2-3 Minuten knusprig braten. Mit dem Spinat servieren.

FILET-TOPF MIT SENFRAHM

30 Min. | leicht | **4** Portionen

Zutaten:

500 g Schweinefilet
300 g Champignons
1 große Zwiebel
75 g Schinkenspeckwürfel
15 g Olivenöl
150 g Apfelsaft
220 g Milch
4 EL Senf (besonders lecker: körniger Senf oder Estragon-Senf)
2 TL Hühnerbrühe (Fertigprodukt oder selbst gemacht)
100 g Schlagsahne
Salz, Pfeffer

1. 1 l heißes Wasser aus dem Wasserkocher in den Mixtopf geben, Varoma aufsetzen.

2. Filet in ca. 4 cm dicke Scheiben schneiden. Pilze je nach Größe evtl. halbieren. Beides im Varoma verteilen und 17 Min./ 120 °C (TM31: Varoma)/ Stufe 1 garen. Fleisch in mundgerechte Stücke schneiden. Mixtopf säubern.

3. Zwiebel abziehen und in grobe Stücke schneiden. In den Mixtopf geben. 5 Sek./Stufe 5 zerkleinern.

4. Schinkenspeckwürfel und Öl hinzugeben, 3 Min./120 °C (TM31: Varoma)/Stufe 1 andünsten.

5. Apfelsaft, Milch, Senf, Brühe und Sahne hinzugeben, 5 Min./Varoma/ Linkslauf/Stufe 1 aufkochen.

6. Filetstücke und Pilze hinzugeben und 10 Sek./ Linkslauf/Stufe 2 vermischen. Mit Salz und Pfeffer abschmecken und servieren. Dazu passen Baguette, Bandnudeln oder Reis als Beilage.

Pro Portion:
ca. 350 kcal – **37** g E – **18** g F – **10** g KH

unser TIPP für euch

Wer es vegetarisch möchte, lässt das Hackfleisch weg oder nimmt 180 g vegetarischen Hackersatz

STECKRÜBEN-EINTOPF MIT HACKFLEISCH

30 Min. | leicht | **4** Portionen

Zutaten:
50 g Knollensellerie, 1 Zwiebel, 20 g Öl, 400 g Möhren, 500 g Steckrübe, 1 EL Mehl, 1 EL Gemüsebrühpulver oder -paste (Fertigprodukt oder selbst gemacht), 1 TL Zucker, 2 Lorbeerblätter, 800 g Wasser, 300 g Rinderhackfleisch, Salz, Pfeffer

1. Sellerie in grobe Stücke schneiden. Zwiebel abziehen. Beides in den Mixtopf geben und **5 Sek./Stufe 5** zerkleinern. Öl zugeben. **2,5 Min./120 °C (TM 31®: Varoma)/Stufe 1** andünsten.

2. Möhren und Steckrübe in groben Stücken zugeben und **3 Sek./Stufe 5** zerkleinern. Mit Mehl bestäuben. Gemüsebrühpulver, Zucker, Lorbeer und Wasser zugeben und **20 Min/100 °C/Linkslauf/Stufe 1** kochen.

3. Inzwischen Hackfleisch in einer beschichteten Pfanne ohne Fett krümelig anbraten, mit Salz und Pfeffer würzen. Eintopf mit Salz und Pfeffer abschmecken. Mit Hack anrichten.

Pro Portion:
ca. **330** kcal – **19** g E – **21** g F – **17** g KH

PIZZA 4X ANDERS

Mit unserem Express-Teig ist der Ofen-Hit schneller fertig, als der Bringdienst liefern kann. Also, Wunschbelag aussuchen, Teig zubereiten, belegen – und in einem halben Stündchen steht der Familien-Klassiker auch schon auf dem Tisch. Buonissimo!

GRUNDREZEPT

Zutaten für den Teig:
400 g Weizenmehl (Type 405) oder Dinkelmehl (Type 630), 1 Päckchen Backpulver, ½ TL Salz, 260 g Milch, 65 g Butter, Mehl für die Arbeitsfläche

Für die Tomatensoße:
1 Dose stückige Tomaten (400 g), 2 TL Pizzagewürz, ½ TL Salz

Außerdem:
150 g Gouda

5 Min. | leicht | **4** Portionen

1. Backofen auf 250 °C (Ober-/Unterhitze; Umluft nicht geeignet) vorheizen. Backblech mit Backpapier belegen.

2. Alle Zutaten für den Teig in den Mixtopf geben und 1 Min./Teigstufe kneten. Der Teig darf nicht klebrig sein, ggf. noch etwas Mehl zufügen. Teig auf bemehlter Arbeitsfläche in Größe des Backblechs ausrollen und auf das Backblech legen.

3. Alle Zutaten für die Tomatensoße in den Mixtopf geben und 3 Sek./Stufe 5 vermischen. Auf dem Teig verteilen.
4. Mixtopf spülen und abtrocknen. Gouda in Stücken in den Mixtopf geben und 10 Sek./Stufe 6 zerkleinern. Pizza wie bei den Varianten auf den Seiten 60/61 beschrieben belegen und backen.

Pro Portion:
ca. 645 kcal – **21** g E – **32** g F – **76** g KH

unser **TIPP** für euch

Pizza belegen macht schon den Kleinsten Spaß, besonders wenn sie sich ihr ganz eigenes Stück mit ihren Wunschzutaten belegen dürfen. Stellt dazu die vorbereiteten Zutaten und die mit Tomatensoße bestrichene Pizza bereit, so dass jedes Familienmitglied ein Viertel des Teiges nach Belieben vollenden kann.

PIZZA HAWAII
PIZZA TOMATE MOZZARELLA
PIZZA SPECIALE
PIZZA SPINACI

PIZZA HAWAII

30 Min. | leicht | 4 Portionen

Zutaten:

1 x Grundrezept Pizza (s. Seite 58)
1 kleine Dose Ananas in Stücken
(260 g Abtropfgewicht)
50 g Kochschinken in Scheiben

1. Ananas abgießen. Schinken klein schneiden. Beides auf der Pizza verteilen. Mit Käse bestreuen.
2. Pizza im heißen Ofen , unterste Schiene, ca. 15 Minuten backen.

Pro Portion:
ca. 690 kcal – **24** g E – **29** g F – **83** g KH

Knusprig: Blech mit vorheizen

PIZZA TOMATE MOZZARELLA

30 Min. | leicht | 4 Portionen

Zutaten:

1 x Grundrezept Pizza (s. Seite 58)
8 Cocktailtomaten
2 Mozzarella-Kugeln (à 125 g)
nach Belieben Rucola

1. Tomaten und Mozzarella in Scheiben schneiden und auf der Pizza verteilen. Anschließend mit Gouda bestreuen.
2. Pizza im heißen Ofen , unterste Schiene, ca. 15 Minuten backen. Nach Belieben mit Rucola bestreut servieren.

Pro Portion:
ca. 845 kcal – **34** g E – **43** g F – **80** g KH

PIZZA SPINACI

30 Min. | leicht | 4 Portionen

Zutaten:

1 x Grundrezept Pizza (s. Seite 58)
400 g tiefgekühlter Blattspinat
100 g Feta

1. Vor der Zubereitung des Teiges Spinat zum Auftauen in eine große Schüssel geben und mit heißem Wasser begießen. Vor dem Belegen der Pizza Spinat abgießen, sehr gut ausdrücken. Spinat auf der Pizza verteilen. Feta darüberbröseln. Mit geriebenem Käse bestreuen.
2. Pizza im heißen Ofen , unterste Schiene, ca. 15 Minuten backen.

Pro Portion:
ca. 725 kcal – **29** g E – **34** g F – **76** g KH

Backzeit: immer 250 °C, untere Schiene, 15 min

PIZZA SPECIALE

30 Min. | leicht | 4 Portionen

Zutaten:

1 x Grundrezept Pizza (s. Seite 58)
1 kleine Dose Mais (150 g Abtropfgewicht)
12 eingelegte scharfe grüne Peperonischoten (aus dem Glas)
100 g Feta
etwas getrockneter Oregano

1. Mais abgießen. Peperoni in Scheiben schneiden. Beides auf der Pizza verteilen. Feta drüberbröseln und anschließend mit Gouda bestreuen.
2. Pizza im heißen Ofen , unterste Schiene, ca. 15 Minuten backen. Nach dem Backen mit Oregano bestreuen.

Pro Portion:
ca. 740 kcal – **27** g E – **34** g F – **81** g KH

ÜBERBACKENES OMELETT

30 Min. | mittel | 4 Portionen

Zutaten:
60 g Parmesan, 1 Knoblauchzehe,
20 g gemischte Kräuter (tiefgekühlt oder frisch),
3 Eier, Salz, Pfeffer,
300 g gemischtes Gemüse nach Geschmack (tiefgekühlt und aufgetaut oder frisch, z.B. Buttergemüse, Kaisergemüse oder auch Zucchini, Pilze etc.),
500 g Wasser, 1 Kugel (125 g) Mozzarella

Pro Portion:
ca. 260 kcal – **20** g E – **18** g F – **7** g KH

1. Parmesan in den Mixtopf geben und 6 Sek./Stufe 6 zerkleinern.

2. Knoblauchzehe und Kräuter hinzufügen, 10 Sek./Stufe 8 zerkleinern.

3. Eier, Salz und Pfeffer hinzufügen und 10 Sek./Stufe 5 vermischen.

4. Gemüse (gefrorenes Gemüse vorher auftauen) hinzufügen, 10 Sek./ Linkslauf/Stufe 2 untermischen.

5. Wasser im Wasserkocher aufkochen. Inzwischen Varoma-Einsatz mit angefeuchtetem Backpapier belegen, dabei darauf achten, dass die Seitenschlitze frei bleiben.

6. Mixtopf ausspülen, kochendes Wasser einfüllen. Gemüse-Ei-Mischung auf das Backpapier im Varoma gießen. Varoma auf den Mixtopf setzen. Omelett für 20 Min./Varoma/Stufe 1 dämpfen.

7. Inzwischen Backofengrill vorheizen. Omelett vorsichtig auf einen feuerfesten Teller gleiten lassen. Einen zweiten Teller zum Stürzen zu Hilfe nehmen, um das Backpapier abzuziehen. Mozzarella zerzupfen, gleichmäßig auf dem Omelett verteilen und überbacken, bis der Mozzarella geschmolzen und knusprig braun ist. Dazu schmeckt Brot.

SCHNELLES HÜHNERFRIKASSEE

30 Min. | leicht | **4** Portionen

Zutaten:

1000 g Wasser und 2 EL Hühnerbrühpaste (Fertigprodukt oder selbst gemacht ✓)
400 g Hähnchenbrustfilets
1 Zwiebel
40 g Butter
300 g tiefgekühltes Buttergemüse
45 g Mehl
3 EL Zitronensaft
1 Dose Champignons (230 g Abtropfgewicht)
1 Glas Spargel (320 g Abtropfgewicht)
Salz, Pfeffer, Worcestershiresauce

1. Wasser und Hühnerbrühpaste in den Mixtopf geben. Filets in mundgerechte Würfel schneiden, hinzugeben und 15 Min./100 °C/ Linkslauf/Rührstufe garen. Alles umfüllen.

2. Zwiebel abziehen, in den Mixtopf geben, 5 Sek./Stufe 5 zerkleinern. Butter hinzugeben und 5 Min./ 120 °C (TM31: Varoma)/Stufe 2 andünsten.

3. Von der Hühnerbrühe **500 g** mit Buttergemüse, Mehl und Zitronensaft in den Mixtopf geben und 5 Min./100 °C/ Linkslauf/Stufe 2 garen.

4. Pilze und Spargel abgießen. Spargel in Stücke schneiden, mit Pilzen und gegartem Filet zur Soße geben und in 5 Min./100 °C/ Linkslauf/ Rührstufe fertig garen. Frikassee mit Salz, Pfeffer und Worcestershiresauce abschmecken. Dazu passen Reis oder Baguette.

Pro Portion:
ca. 385 kcal – **52** g E – **6** g F – **30** g KH

VEGGIE-GULASCH

30 Min. | leicht | **4** Portionen

Zutaten:
100 g Sojageschnetzeltes (groß),
200 g Tomatenmark,
1 EL Gemüsebrühpulver oder -paste (Fertigprodukt oder selbst gemacht),
1 EL Sojasauce, 500 g kochendes Wasser,
4 Zwiebeln, 30 g Öl, 2 rote Paprikaschoten,
20 g dunkler Balsamicoessig,
800 g Spätzle aus dem Kühlregal,
1 EL edelsüßes Paprikapulver,
1 TL braune Instant-Soßenpaste (Fertigprodukt oder selbst gemacht),
Salz, Pfeffer, 250 g Schlagsahne

1. Sojageschnetzeltes, Tomatenmark, Gemüsebrühpulver, Sojasauce und kochendes Wasser in den Mixtopf geben und **10 Sek./Linkslauf/Stufe 2** vermischen, umfüllen. Mixtopf spülen und abtrocknen.

2. Zwiebeln abziehen, in den Mixtopf geben, **5 Sek./Stufe 5** zerkleinern. Öl zugeben und **2,5 Min./120 °C (TM31®: Varoma)/Stufe 1** andünsten.

3. Paprikaschoten in mundgerechte Stücke schneiden. Zu den Zwiebeln geben und alles weitere **2,5 Min./120 °C (TM31: Varoma)/Linkslauf/Stufe 1** andünsten.

4. Sojageschnetzeltes samt Tomatensoße und Balsamico zugeben und **8 Min./100 °C/Linkslauf/Stufe 1** kochen.

5. Spätzle in der Pfanne erwärmen und warmstellen.

6. Paprikapulver, Soßenpaste, Salz und Pfeffer zum Gulasch geben. Sahne zufügen und **4 Min./90 °C/Linkslauf/Stufe 1** kochen. Gulasch abschmecken und mit den Spätzle servieren.

Pro Portion:
ca. 730 kcal – **30** g E – **7** g F – **69** g KH

unser TIPP für euch

Statt Balsamico 50 g Rotwein, nach Belieben auch alkoholfrei, nehmen

Herzvoll & ideenreich!

New!

Kreativer wohnen – Überraschendes und Originelles für Dein Zuhause!

Jetzt im Handel

Leseprobe und Online-Bestellung unter:
DEKORIERENMITHERZ.DE

TSCHÜSS, LANGEWEILE
Mit den tollen Tischsets zum Ausmalen bleibt selbst der größte Zappelphilipp gerne mal etwas länger am Tisch sitzen. Denn die fantasievollen Vorlagen auf Papier machen jede Mahlzeit ein bisschen bunter. Auch toll für kleine Partygäste. Das Set aus 24 Bögen mit 6 verschiedenen Motiven ist erhältlich für ca. 16 Euro bei www.minamo.de.

GANZ SCHÖN SCHNITTIG
Das Kinderkochset aus Haifisch-Messer und Affen-Sparschäler macht Kindern Spaß und ist ideal für erste Versuche in der Küche. Denn die hochwertigen Küchenhelfer aus Edelstahl liegen gut in den kleinen Händen und verhindern so ein Abrutschen. Von WMF, ca. 20 Euro.

Hits für Kids

Mit diesen witzigen und sinnvollen Produkten macht den Kindern das Helfen in der Küche und das Essen am Tisch so richtig Laune

FRÜHSTÜCKS-LIEBLING
Der Eierbecher „McEgg" mit passendem Löffel und kleinem Hämmerchen zum Öffnen der Eierschale sorgt für jede Menge Spaß beim Sonntagsfrühstück. Die Schalen lassen sich dann ganz praktisch in der Schirmmütze des Eierkopfes sammeln, und dank Surfbrett steht der Eierbecher auch gut. Erhältlich in verschiedenen Farben von WMF, ca. 10 Euro.

NIMM MICH MIT zur Schule, in den Kindergarten oder auf Reisen – in der stabilen „Yumbox Panino" bleibt alles frisch und schön getrennt. Die einzelnen kleinen Fächer bieten Platz für Extras zum Pausenbrot. Und selbst Joghurt läuft durch den dicht abschließenden Silikondeckel nicht aus. Plus: das Innenteil kann in die Spülmaschine. In verschiedenen Farben bei www.divata.de, ca. 30 Euro.

VEGGIE-SPASS Mit dem witzigen Gemüsespitzer und -schäler lassen sich Möhren, Zucchini, Gurken und mehr schälen und in lustige Gemüsekringel verwandeln. So lassen sich kleine Helfer und große Gemüsemuffel ganz sicher motivieren. Erhältlich bei www.design-3000.de für ca. 13 Euro.

FÜR SUPER-SMOOTHIES
Die bunten Gläser im Aquarell-Look sind perfekt für Smoothies, selbst gemachte Säfte und Milchshakes. Durch den Griff lassen sie sich gut festhalten und im farblich passenden Deckel steckt der Strohhalm schon drin. Das Design ist spülmaschinenfest. Das 4er-Set von ppd ist auch ideal für die nächste Kinderparty. Erhältlich unter www.ppd.de, Set mit 4 Gläsern für ca. 15 Euro.

MEIN WOCHENPLANER

Rezepte mit Herz

MONTAG	DIENSTAG	MITTWOCH	DONNERSTAG	FREITAG	SAMSTAG	SONNTAG
Das essen wir heute	Das essen wir heute	Das essen wir heute	Das essen wir heute	Das essen wir heute	Das essen wir heute	Das essen wir heute
Frühstück:	Frühstück:	Frühstück:	Frühstück:	Frühstück:	Frühstück:	Frühstück:
Mittagessen:	Mittagessen:	Mittagessen:	Mittagessen:	Mittagessen:	Mittagessen:	Mittagessen:
Abendessen:	Abendessen:	Abendessen:	Abendessen:	Abendessen:	Abendessen:	Abendessen:
Extras:	Extras:	Extras:	Extras:	Extras:	Extras:	Extras:
Nicht vergessen!	Nicht vergessen!	Nicht vergessen!	Nicht vergessen!	Nicht vergessen!	Nicht vergessen!	Nicht vergessen!

MEIN EINKAUFSZETTEL

Rezepte mit Herz

BÄCKER	METZGER	SUPERMARKT	DISCOUNTER	DROGERIE	MARKT	SONST NOCH

rezeptemitherz-mag.de

MEIN WOCHENPLANER

Rezepte mit Herz

MONTAG	DIENSTAG	MITTWOCH	DONNERSTAG	FREITAG	SAMSTAG	SONNTAG
Das essen wir heute	Das essen wir heute	Das essen wir heute	Das essen wir heute	Das essen wir heute	Das essen wir heute	Das essen wir heute
Frühstück:	Frühstück:	Frühstück:	Frühstück:	Frühstück:	Frühstück:	Frühstück:
Mittagessen:	Mittagessen:	Mittagessen:	Mittagessen:	Mittagessen:	Mittagessen:	Mittagessen:
Abendessen:	Abendessen:	Abendessen:	Abendessen:	Abendessen:	Abendessen:	Abendessen:
Extras:	Extras:	Extras:	Extras:	Extras:	Extras:	Extras:
Nicht vergessen!	Nicht vergessen!	Nicht vergessen!	Nicht vergessen!	Nicht vergessen!	Nicht vergessen!	Nicht vergessen!

MEIN EINKAUFSZETTEL

Rezepte mit Herz

BÄCKER	METZGER	SUPERMARKT	DISCOUNTER	DROGERIE	MARKT	SONST NOCH
			BEST PRICE			

MEIN WOCHENPLANER

Rezepte mit Herz

MONTAG	DIENSTAG	MITTWOCH	DONNERSTAG	FREITAG	SAMSTAG	SONNTAG
Das essen wir heute	Das essen wir heute	Das essen wir heute	Das essen wir heute	Das essen wir heute	Das essen wir heute	Das essen wir heute
Frühstück:	Frühstück:	Frühstück:	Frühstück:	Frühstück:	Frühstück:	Frühstück:
Mittagessen:	Mittagessen:	Mittagessen:	Mittagessen:	Mittagessen:	Mittagessen:	Mittagessen:
Abendessen:	Abendessen:	Abendessen:	Abendessen:	Abendessen:	Abendessen:	Abendessen:
Extras:	Extras:	Extras:	Extras:	Extras:	Extras:	Extras:
Nicht vergessen!	Nicht vergessen!	Nicht vergessen!	Nicht vergessen!	Nicht vergessen!	Nicht vergessen!	Nicht vergessen!

MEIN EINKAUFSZETTEL

Rezepte mit Herz

BÄCKER	METZGER	SUPERMARKT	DISCOUNTER	DROGERIE	MARKT	SONST NOCH

MEIN WOCHENPLANER

Rezepte mit Herz

MONTAG	DIENSTAG	MITTWOCH	DONNERSTAG	FREITAG	SAMSTAG	SONNTAG
Das essen wir heute	Das essen wir heute	Das essen wir heute	Das essen wir heute	Das essen wir heute	Das essen wir heute	Das essen wir heute
Frühstück:	Frühstück:	Frühstück:	Frühstück:	Frühstück:	Frühstück:	Frühstück:
Mittagessen:	Mittagessen:	Mittagessen:	Mittagessen:	Mittagessen:	Mittagessen:	Mittagessen:
Abendessen:	Abendessen:	Abendessen:	Abendessen:	Abendessen:	Abendessen:	Abendessen:
Extras:	Extras:	Extras:	Extras:	Extras:	Extras:	Extras:
Nicht vergessen!	Nicht vergessen!	Nicht vergessen!	Nicht vergessen!	Nicht vergessen!	Nicht vergessen!	Nicht vergessen!

MEIN EINKAUFSZETTEL

BÄCKER	METZGER	SUPERMARKT	DISCOUNTER	DROGERIE	MARKT	SONST NOCH

rezeptemitherz-mag.de

Kinder in die Küche!

Beim Kochen mithelfen und selbst kochen macht schon den Kleinsten Spaß und weckt spielerisch die Lust am Thema Ernährung

Wobei Kinder helfen können, hängt natürlich vom Alter ab. Je kleiner die Kinder, desto mehr Interesse haben sie meist am Mitmachen. Gebt ihnen daher am besten schon früh kleine Aufgaben und bezieht sie bei der Zubereitung der Mahlzeiten immer wieder mit ein. Das geht nicht immer ohne Geklecker und Chaos, lohnt sich aber auf lange Sicht. Denn so entwickeln Kinder ganz nebenbei immer mehr Fähigkeiten und das Mithelfen im Haushalt und beim Kochen wird zur Selbstverständlichkeit. Schon bald habt ihr dann kleine Helfer in der Küche, die euch wirklich die Arbeit erleichtern und deren Lust am Kochen geweckt ist.

Wann? Was?

1,5 Jahre *Kleine, unzerbrechliche Dinge und Lebensmittel bringen, z.B. Plastikschälchen, Obst oder Gemüse*
2 Jahre *Kalte Sachen rühren, z.B. Dips oder Quark*
3 Jahre *Obst, Gemüse, Salat und Kräuter waschen, Kräuter von den Stielen zupfen, Salat in Blätter teilen, weiche Lebensmittel wie z.B. Bananen klein schneiden*
4 Jahre *Beim Tischdecken helfen, Wurst, Käse und Knabbergemüse anrichten, beim Abspülen helfen, Gemüse und Obst, bis auf sehr Hartes, klein schneiden, Käse würfeln, Start-Knopf am Thermomix® drücken*
5 Jahre *Tisch decken, beim Spülmaschine aus- und -einräumen helfen, Möhren, Kartoffeln und Ähnliches mit einem kindgerechten Sparschäler schälen, Hefeteig mit den Händen kneten, ausrollen und formen*
6 Jahre *Eier aufschlagen, harte Lebensmittel wie rohe Kartoffeln, Möhren oder Ähnliches klein schneiden*
7 Jahre *Zutaten abwiegen und abmessen, Thermomix® unter Aufsicht einstellen und bedienen*
8 Jahre *Herd und Thermomix® unter Aufsicht selber bedienen und erste kleine Gerichte selber kochen*
Frühestens ab 10 Jahre *Braten in der Pfanne, Wasserkocher bedienen, Nudeln, Gemüse oder Ähnliches mit heißem Wasser abgießen, große Messer benutzen*

SO GEHT NICHTS SCHIEF

- ♥ *Nehmt euch etwas mehr Zeit und seid besonders aufmerksam, wenn die Kinder in der Küche mithelfen. Seid ihr in Eile oder sowieso schon total gestresst, verschiebt das Kochen mit den Kindern besser auf einen ruhigeren Tag.*
- ♥ *Damit kleine Kinder die Arbeitsfläche sicher erreichen können, ist ein stabiler Hocker oder Stuhl wichtig. Der sollte gut stehen und nicht wackeln oder kippeln.*
- ♥ *Lange Kleidung, Schürze und (Haus-)Schuhe schützen vor Verletzungen durch spritzendes heißes Wasser und Fett oder herabfallende Messer und andere Dinge.*
- ♥ *Auch wenn es erst mal unlogisch klingt: Mit stumpfen Messern verletzen sich Kinder eher als mit einem scharfen Messer. Denn schneidet die Klinge nicht gut, muss das Kind mehr Druck aufwenden und rutscht schneller ab. Das erhöht die Verletzungsgefahr. Ideal sind spezielle Kindermesser und Sparschäler, die scharf sind, durch einen Fingerring und einen zugehörigen Fingerschutz jedoch ein Abrutschen und Verletzungen verhindern.*
- ♥ *Weist eure Kinder von Anfang an auf die Gefahren in der Küche hin, wie z.B. ein heißer Backofen, heißer Wasserdampf und spritzendes Fett, und macht ihnen klar, was sie alleine dürfen und was auf keinen Fall.*
- ♥ *Messer, z.B. beim Tischdecken oder Spülmaschine ausräumen, immer so halten, dass die Spitze der Klinge nach unten zeigt. Mit Messern oder Scheren in der Hand nie rennen oder Quatsch machen.*
- ♥ *Küchenschränke am besten so einräumen, dass unten die unzerbrechlichen Dinge und nicht das teure Porzellan stehen, sodass die Kinder selbstständig Koch- und Essgeschirr herausholen können.*

Schnell, schneller, Blitzküche

Mit unseren genialen Tricks legt ihr beim Kochen ganz entspannt einen Zahn zu – und habt dafür mehr Zeit, um mit euren Lieben zu genießen

EISKALTER VORRAT „Hack könnt ihr immer eingefroren auf Vorrat haben, z.B. für den Lasagne-Eintopf auf S. 28. Damit es schneller auftaut, drückt es vor dem Einfrieren im Gefrierbeutel ganz flach. Zum Auftauen dann die ausgepackte Hack-Platte mit etwas Salz bestreuen. Das beschleunigt das Auftauen zusätzlich."

MUSS ES BEI EUCH MORGENS AUCH SCHNELL GEHEN? Dann friert die belegten Pausenbrote für eure Kinder doch mal auf Vorrat ein. Hört sich merkwürdig an, klappt aber wunderbar. Natürlich kommt kein Salatblatt oder so drauf, nur Butter, Wurst oder Käse. Bis zur Frühstückspause ist das Brot aufgetaut und bleibt so, besonders in der wärmeren Jahreszeit, schön frisch. Frisches wie Kirschtomaten, Snack-Paprika oder Gurkenscheiben gibt's extra dazu.

AMELIE KOWALSKI kennt als berufstätige Mama von zwei Jungs jede Menge geniale Tricks, wie man in der Küche wertvolle Zeit einsparen kann.

„Reste von Teigen im Mixtopf entferne ich ganz ohne Schrubben so: den Mixtopf etwa halbvoll mit heißem Wasser aus dem Wasserkocher befüllen, ein paar Tropfen Spülmittel dazu und dann 30 Sek./Stufe 10 einstellen. So löst sich fast alles, nur unter dem Messer bleibt ein minimaler Rest, den ich einfach mit der Spülbürste entferne."

Amelie Kowalski

„Backformen oder -bleche lassen sich viel schneller (und außerdem sparsamer) einfetten, wenn man sie beim Vorheizen des Backofens kurz darin anwärmt."

INGA PFANNEBECKER probiert immer wieder neue Tricks aus, um das Kochen zu beschleunigen und so im Alltag trotz wenig Zeit der Familie täglich was Leckeres auftischen zu können.

„Kleine Mengen Sahne, die zu wenig für den Thermomix® sind, schlage ich blitzschnell mit dem elektrischen Milchaufschäumer steif. Klappt super und ist ideal z.B. für das Sahnehäubchen auf Suppen oder Desserts und zum Verfeinern einer Soße."

„Damit die Nudeln auf dem Herd auch genauso schnell fertig sind wie die Soße dazu im Thermomix®, koche ich das Wasser dafür im Wasserkocher auf. Gleichzeitig erhitze ich schon mal eine Handbreit Wasser im Topf, so kocht das Wasser aus dem Kocher nach dem Umfüllen schneller wieder auf. Dabei immer den Deckel auflegen, das beschleunigt das Erhitzen."

Inga Pfannebecker

BLITZ-BEILAGE „Reis koche ich gleich in größeren Mengen und friere ihn portionsweise in Gefrierbeuteln ein. So lässt er sich in rund 5 Minuten im Wasserbad erwärmen, und ich habe ruck, zuck eine Beilage fertig, zum Beispiel zum Eier-Kartoffel-Curry von Seite 41."

MARIE BERGER liebt es, Freunde auch nach Feierabend noch schnell zu bekochen.

„Bei zarten, jungen Möhren oder Kartoffeln könnt ihr euch das Schälen sparen. Einfach beim Waschen kräftig mit einem sauberen Stahl-Topfschwamm unter fließendem Wasser abbürsten."

„Mein Trick zum Abtrocknen des Mixtopfs: Küchenhandtuch reinlegen und dann 1 Min./Linkslauf/Stufe 1 einstellen. Schon ist er richtig trocken und kann wieder verwendet werden."

Marie Berger

MACHEN SICH FAST ALLEINE: FAMILIEN-LIEBLINGE

Keine Zeit? Dann lasst doch einfach mal für euch arbeiten. Bei diesen Rezepten sind nur einige wenige Handgriffe nötig – dann kümmern sich Thermomix®, Backofen oder Waffeleisen um den Rest. Und ihr habt Zeit, um mit den Kindern zu spielen, den Tisch zu decken oder alles andere, was so anfällt, zu erledigen, bis das Essen fertig ist

CANNELLONI MIT SPINAT-RICOTTA-FÜLLUNG

20 Min. + Backzeit

leicht

4 Portionen

Zutaten:

100 g Parmesan
1 Zwiebel
1 Knoblauchzehe
500 g TK-Blattspinat (portionierbar)
250 g Ricotta
1 Ei
Salz und Pfeffer
250 g Cannelloni-Rollen (ca. 12 Stück)
350 g Milch
30 g Mehl
30 g Butter
50 g Gratin-Käse
Fett für die Form
nach Belieben geröstete Pinienkerne zum Bestreuen

Cannelloni gleichmäßig mit Soße bedecken

1. Backofen auf **220 °C** (Ober-/Unterhitze; Umluft nicht empfehlenswert) vorheizen. Auflaufform einfetten.

2. Parmesan in den Mixtopf geben, **10 Sek./Stufe 6** zerkleinern, umfüllen. Mixtopf ausreiben.

3. Zwiebel und Knoblauchzehe abziehen, **5 Sek./Stufe 5** zerkleinern.

4. Blattspinat zugeben, **8 Min./Varoma/Stufe 1** auftauen. Anschließend ins Garkörbchen geben und mit der Rückseite eines Esslöffels gut ausdrücken. Zurück in den Mixtopf geben.

5. Ricotta, Ei, **50 g** Parmesan, etwas Salz und Pfeffer zum Spinat geben und **10 Sek./Stufe 6** vermischen. Masse in einen Gefrierbeutel geben, eine Ecke abschneiden und die Masse mit Hilfe dieses Spritzbeutels in die Cannelloni-Rollen füllen. Dabei die Unterseite der Cannelloni zuhalten. Cannelloni dicht an dicht in die Auflaufform legen. Mixtopf säubern.

6. Für die Béchamelsoße Milch mit Mehl und Butter in den Mixtopf geben und **6 Min./90 °C/Stufe 1** erhitzen. **50 g** Parmesan zugeben und **1 Min./90 °C/Stufe 1** schmelzen. Soße über die Cannelloni geben. Mit Gratin-Käse bestreuen.

7. Cannelloni im heißen Backofen **ca. 20 Minuten** backen. Falls die Oberfläche zu dunkel wird, am Ende mit Alufolie abdecken.

Pro Portion:
ca. 660 kcal – **7** g E – **33** g F – **55** g KH

Dieses Symbol kennzeichnet Zutaten, die man auch selber machen kann. Rezept siehe download EXTRA rezeptemitherz-mag.de/downloads/

RISOTTO 4X ANDERS

Keiner kocht das Reisgericht so gut, wie unser ausdauernd rührender Thermi. Grund genug, mit ein paar raffinierten neuen Varianten für Abwechslung zu sorgen. Schwer fällt dabei nur die Entscheidung, welche davon als Erstes ausprobiert wird...

CURRY-RISOTTO MIT LACHS

25 Min. | leicht | 4 Portionen

Zutaten:
1 Bund Frühlingszwiebeln,
20 g frischer Ingwer, 1 Knoblauchzehe,
15 g milde gelbe Thai-Currypaste
2 EL Öl, 160 g Risottoreis,
2 EL Gemüsebrühpulver oder -paste (Fertigprodukt oder selbst gemacht), 400 g Kokosmilch (Dose), 100 g Wasser, 350 g Chinakohl, 350 g tiefgekühlter Lachs, Salz, Pfeffer

1. Frühlingszwiebeln putzen, Ingwer schälen und Knoblauchzehe abziehen. Alles in groben Stücken in den Mixtopf geben und **5 Sek./Stufe 5** zerkleinern.

2. Currypaste und Öl hinzufügen und **3 Min./120 °C (TM31: Varoma)/Stufe 1** andünsten. Danach mit dem Spatel über den Boden streichen – die Currymischung setzt schnell an.

3. Reis hinzufügen und **3 Min./100 °C/Linkslauf/Stufe 1** andünsten, danach noch einmal über den Boden streichen.

4. Gemüsebrühe, Kokosmilch und Wasser hinzufügen und **10 Min./100 °C/Linkslauf/Stufe 1** dünsten.

5. Inzwischen Chinakohl von Hand in schmalen Streifen vom Strunk schneiden. Gefrorenen Lachs in den Varoma geben, Varoma auf den Mixtopf setzen und weitere **7 Min./100 °C/Linkslauf/Stufe 1** kochen.

6. Danach Lachs in kleine Würfel schneiden, zum Risotto geben und **1 Min./Linkslauf/Stufe 1** unterrühren. Mit Salz und Pfeffer abschmecken und sofort servieren.

Pro Portion:
ca. 580 kcal – **23** g E – **37** g F – **42** g KH

unser TIPP für euch

Das heiße Risotto gart die Lachswürfel nur knapp. Wer den Lachs durchgegart haben möchte, setzt den Varoma mit dem gefrorenen Lachs auf, sobald Brühe und Kokosmilch in den Mixtopf gegeben werden und schneidet danach den Lachs in Würfel und hebt ihn unter

KARTOFFEL-RISOTTO

20 Min. | leicht | 4 Portionen

Zutaten:

80 g Parmesan
300 g kleine braune Champignons
5-10 Spritzer Worcestersauce
Salz, Pfeffer
90 g Frühlingszwiebel
2 EL Olivenöl
600 g festkochende Kartoffeln
350 g Wasser, ½ TL Gemüsebrühepulver oder -paste (Fertigprodukt oder selbst gemacht)
2 Lorbeerblätter
ca. 50 g Rucola zum Garnieren

1. Parmesan in Stücken in den Mixtopf geben, **6 Sek./Stufe 6** zerkleinern und umfüllen.

2. Die Champignons ohne Öl in einer heißen Pfanne anrösten, mit Worcestersauce, Salz und Pfeffer würzen, beiseitestellen.

3. Frühlingszwiebeln putzen und in Stücken in den Mixtopf geben, **5 Sek./Stufe 5** zerkleinern. Das Öl hinzugeben und **3 Min./120 °C (TM31: Varoma)/Stufe 1** andünsten.

4. Kartoffeln schälen und in ca. 1 x 1 cm große Würfel schneiden. Kartoffeln, Wasser, Gemüsebrühpulver und Lorbeer in den Mixtopf geben und **13 Min./100 °C/Linkslauf/Stufe 1** garen. Je nach Kartoffelsorte ist es möglicherweise notwendig, noch **1-2 Minuten** Garzeit hinzuzugeben.

5. Die Hälfte des Parmesan und Champignons hinzugeben und **1 Min./Linkslauf/Stufe 2** unterheben, ggf. mit Hilfe des Spatels.

6. Kartoffel-Risotto mit Salz, Pfeffer und Worcestersauce abschmecken, mit restlichem Parmesan und Rucola bestreuen und servieren.

Pro Portion:
ca. 280 kcal – **13** g E – **14** g F – **26** g KH

PAPRIKA-RISOTTO

25 Min. | leicht | 4 Portionen

Zutaten:

1 Glas gegrillte Paprika in Öl (230 g Abtropfgewicht), 500 g Wasser, 1 TL Gemüsebrühepulver oder -paste (Fertigprodukt oder selbst gemacht), 1 Zwiebel, 160 g Risottoreis, Pfeffer, 100 g Feta, Salz, nach Belieben 1 kleine rote Paprika in Würfeln und Sprossen zum Bestreuen

1. Gegrillte Paprika abgießen, dabei **2 EL** Öl auffangen. Paprika gut abtropfen lassen, mit Wasser und Gemüsebrühpulver in den Mixtopf geben und **10 Sek./Stufe 8** pürieren, umfüllen. Mixtopf säubern.

2. Zwiebel in den Mixtopf geben und **5 Sek./Stufe 5** zerkleinern. Paprika-Öl hinzugeben und **3 Min./120 °C (TM31: Varoma)/Stufe 1** andünsten.

3. Reis hinzufügen und **3 Min./100 °C/Linkslauf/Stufe 1** andünsten. Paprika-Gemüsebrühe hinzugeben und **17 Min./100 °C/Linkslauf/Stufe 1** dünsten.

4. Mit Pfeffer würzen und **50 g** Feta in den Mixtopf bröckeln, **1 Min./Linkslauf/Stufe 1** unterrühren, dabei eventuell mit Hilfe des Spatels arbeiten.

5. Risotto mit Salz und Pfeffer abschmecken, mit restlichem Feta und nach Belieben mit Paprikawürfeln und Sprossen bestreut servieren.

Pro Portion:
ca. 305 kcal – **10** g E – **16** g F – **35** g KH

RISOTTO MIT KOHLRABI UND HASELNUSS-CRUNCH

20 Min. + Wartezeit | leicht | 4 Portionen

Zutaten:
80 g Haselnusskerne,
150 g gekochter Schinken in Scheiben,
80 g Bergkäse,
1 mittelgroßer Kohlrabi (geputzt und geschält ca. 300 g),
1 Zwiebel, 2 EL Olivenöl,
160 g Risottoreis, 500 g Wasser,
1 TL Gemüsebrühepulver oder -paste (Fertigprodukt oder selbst gemacht ⬇),
2 kleine Lorbeerblätter,
100 g TK-Erbsen,
Salz und Pfeffer

1. Haselnüsse auf einem Backblech in den kalten Ofen geben und **15 Minuten** bei **160 °C** (Umluft) rösten, dann auskühlen lassen. Nüsse in den Mixtopf geben und **3 Sek./Stufe 5** zerkleinern, dann umfüllen.

2. Schinkenscheiben aufrollen und hochkant zwischen die Messer im Mixtopf stellen, **3 Sek./Stufe 5** zerkleinern und umfüllen.

3. Bergkäse in groben Stücken in den Mixtopf geben und **6 Sek./Stufe 6** zerkleinern und umfüllen.

4. Kohlrabi schälen und in ca. 1 x 1 cm große Würfel schneiden.

5. Zwiebel abziehen, in den Mixtopf geben und **5 Sek./Stufe 5** zerkleinern.

6. Öl hinzugeben und **3 Min./120 °C (TM31: Varoma)/Stufe 1** andünsten.

7. Reis und Kohlrabiwürfel hinzufügen und **3 Min./100 °C/⟲ Linkslauf/Stufe 1** andünsten.

8. Wasser, Gemüsebrühpulver und Lorbeer hinzugeben und **10 Min./100 °C/⟲ Linkslauf/Stufe 1** dünsten.

9. Erbsen und **100 g** Schinken hinzugeben und weitere **7 Min./100 °C/⟲ Linkslauf/Stufe 1** kochen.

10. Lorbeer aus dem Risotto nehmen, **40 g** Käse zum Risotto geben, **1 Min./⟲ Linkslauf/Stufe 1** unterrühren.

11. Risotto abschmecken, mit dem restlichen Schinken, Käse und dem Haselnusscrunch bestreuen und sofort servieren.

Pro Portion:
ca. **500** kcal – **23** g E – **28** g F – **40** g KH

GYROS-NUDEL-AUFLAUF

20 Min. + Backzeit

leicht

4 Portionen

Zutaten:

500 g Schweineschnitzel
1 TL Salz
2 EL getrockneter Oregano
je 1 TL getrockneter Thymian und Majoran
55 g Olivenöl
100 g Bergkäse
200 g Fusilli
Salz, 1 Zwiebel
1 Knoblauchzehe
150 g Ziegenfrischkäse, Sorte Paprika-Tomate-Basilikum
15 g Tomatenmark
100 g Schlagsahne
60 g Milch
1 TL Gemüsebrühpaste oder -pulver (Fertigprodukt oder selbst gemacht)
1 rote Paprikaschote
1 gelbe Paprikaschote
1 Zucchini

1. Schnitzel in schmale Streifen schneiden. Salz, Oregano, Thymian, Majoran und **30 g** Olivenöl in einen Gefrierbeutel geben. Schnitzelstreifen kräftig durchkneten und so lange ziehen lassen, bis der Rest vorbereitet ist.

2. Backofen auf **200 °C** (Ober-/Unterhitze) vorheizen.

3. Bergkäse in Stücken in den Mixtopf geben und **6 Sek./Stufe 6** zerkleinern. Umfüllen, Mixtopf auswischen.

4. Fusilli in kochendem Salzwasser **7 Minuten** vorkochen, abgießen und abtropfen lassen. In eine Auflaufform geben und verteilen.

5. Zwiebel und Knoblauch abziehen, in den Mixtopf geben, **5 Sek./Stufe 5** zerkleinern.

6. **25 g** Olivenöl hinzugeben und **3 Min./120 °C (TM31: Varoma)/Stufe 1** andünsten.

7. Ziegenkäse, Tomatenmark, Sahne, Milch und Gemüsebrühe hinzugeben und **7 Min./100 °C/Stufe 2** aufkochen.

8. Inzwischen Paprika und Zucchini putzen. Paprika in Würfel, Zucchini längs halbieren und in Scheiben schneiden. Gemüse und Fleischstreifen auf den Nudeln verteilen.

9. Soße über den Auflauf geben, Käse darüberstreuen, Form mit Alufolie abdecken. Auflauf **ca. 30 Minuten** im heißen Ofen überbacken, nach **20 Minuten** Folie abnehmen.

Pro Portion:
ca. 710 kcal – **48** g E – **35** g F – **47** g KH

MAKKARONI-QUICHE

20 Min. + Backzeit | leicht | 12 Stücke

Zutaten:
200 g Gouda
1 Rolle Blätterteig aus dem Kühlregal (270 g)
250 g kurze Makkaroni
1 rote Paprikaschote
1 kleine Dose Mais (150 g Abtropfgewicht)
100 g TK-Erbsen
5 Eier
300 g Schmand
1 EL tiefgekühlte 8-Kräuter-Mischung
½ gestrichener TL Salz
etwas Pfeffer
1 Msp. gemahlene Muskatnuss
Fett für die Form

1. Gouda in den Mixtopf geben und **10 Sek./Stufe 5** zerkleinern, umfüllen.

2. Teig entrollen, einmal zusammenfalten und auf die Größe einer Springform (28 cm Durchmesser) plus Rand ausrollen. Die Springform einfetten, den Blätterteig hineinlegen und den Rand fest andrücken.

3. Makkaroni nach Packungsanweisung bissfest kochen, abgießen und in eine Schüssel füllen.

4. Backofen auf **200 °C (Ober-/Unterhitze; 180 °C Umluft)** vorheizen.

5. Paprika klein würfeln und mit Mais, Erbsen und **150 g** zerkleinertem Gouda zu den Makkaroni geben. Alles gut vermischen, in die Form füllen.

6. Übrige Zutaten in den Mixtopf geben und **10 Sek./Stufe 4** vermischen. Soße auf die Nudeln geben und die Nudeln ggf. etwas in die Soße drücken, falls sie hochstehen. Restlichen Käse darauf verteilen und die Quiche im heißen Ofen **40-45 Minuten** goldbraun backen. Vor dem Anschneiden etwas abkühlen lassen.

Pro Stück:
ca. **330** kcal – **12** g E – **20** g F – **25** g KH

SCHINKEN-NUDEL-GRATIN MIT BROKKOLI

20 Min. + Backzeit | leicht | 4 Portionen

Zutaten:
100 g Gouda
1 Zwiebel
1 Knoblauchzehe
20 g Öl
20 g Tomatenmark
120 g Doppelrahmfrischkäse
Pfeffer
1 TL Salz
1 Msp. geriebene Muskatnuss
1 TL edelsüßes Paprikapulver
120 g Schlagsahne
120 g Milch
25 g Speisestärke
500 g Wasser
200 g Kochschinken (in Scheiben)
500 g Brokkoli
400 g Penne
Fett für die Form

1. Backofen auf **200 °C (Ober-/Unterhitze; 180 °C Umluft)** vorheizen.

2. Gouda in groben Stücken in den Mixtopf geben und **10 Sek./Stufe 6** zerkleinern, umfüllen.

3. Zwiebel und Knoblauchzehe abziehen und in den Mixtopf geben, **5 Sek./Stufe 5** zerkleinern. Öl zugeben und **2,5 Min./120 °C (TM 31®: Varoma)/Stufe 1** andünsten.

4. Tomatenmark, Frischkäse, Gewürze, Sahne, Milch, Stärke und Wasser zugeben und **10 Min./100 °C/Stufe 2** kochen.

5. Schinken würfeln. Brokkoli in Röschen vom Strunk schneiden. Ungekochte Penne in einer gefetteten Auflaufform verteilen. Schinkenwürfel untermischen und Brokkoliröschen drüber verteilen. Soße darübergießen und mit Käse bestreuen. Auflauf im heißen Ofen **ca. 35 Minuten** backen.

Pro Portion:
ca. 785 kcal – **34** g E – **34** g F – **83** g KH

Praktisch: Die Nudeln werden nicht vorgekocht

unser TIPP für euch

Unbedingt darauf achten, dass alle Nudeln gut mit Soße bedeckt sind. Nudeln, die herausragen, garen nicht während des Backens und bleiben hart

HACKAUFLAUF MIT KARTOFFELHAUBE

30 Min. + Garzeit | leicht | 4 Portionen

Zutaten für die Hackmischung:
3 rote Paprikaschoten,
1 Zwiebel + 200 g Zwiebeln in Ringen,
400 g mageres Rinderhackfleisch,
25 g Olivenöl, 200 g Sauerrahm,
2 TL Gemüsebrühpulver oder -paste (Fertigprodukt oder selbst gemacht),
20 g Tomatenmark, 4 EL Sojasauce,
1 TL Paprikapulver edelsüß,
50 g Doppelrahmfrischkäse,
Salz, Pfeffer, Worcestersauce,
Cayennepfeffer

Zutaten für das Püree:
800 g Kartoffeln,
300 g Milch, 60 g Butter,
Salz, Pfeffer, gemahlene Muskatnuss

Pro Portion:
ca. 740 kcal – **35** g E – **40** g F – **57** g KH

1. Backofen auf **200 °C (Umluft)** vorheizen. Paprika in groben Stücken in den Mixtopf geben und **3 Sek./Stufe 4** zerkleinern und umfüllen.

2. Zwiebel abziehen, in den Mixtopf geben und **5 Sek./Stufe 5** zerkleinern.

3. Öl und Hack hinzugeben und **5 Min./100 °C/Rührstufe** andünsten, das ausgetretene Wasser abgießen.

4. Zerkleinerte Paprika, Sauerrahm, Gemüsebrühe, Tomatenmark, Sojasauce, Paprikapulver, Frischkäse und Zwiebelringe hinzufügen und **10 Min./100 °C/Linkslauf/Stufe 1** kochen.

5. Hackmischung mit Salz, Pfeffer, Worcestersauce und Cayennepfeffer würzig abschmecken, in eine Auflaufform geben und glatt streichen. Form in den heißen Ofen stellen, bis das Püree zubereitet ist.

6. Für das Püree den Schmetterling in den Mixtopf einsetzen. Kartoffeln schälen und in ca. 2 x 2 cm große Würfel schneiden. In den Mixtopf geben. Milch, **30 g** Butter, Salz und Muskat hinzugeben und **15 Min./100 °C/Stufe 1** weich kochen (je nach Kartoffelsorte die Kochzeit um bis zu **5 Minuten** verlängern).

7. Danach Schmetterling rausnehmen und alles **1 Min./Stufe 4** pürieren (ggf. die Pürierzeit um **30 Sekunden** verlängern, je nach Kartoffelsorte).

8. Hackmischung aus dem Ofen nehmen, Backofen-Grill einschalten. Kartoffelpüree gleichmäßig als Haube über dem Hackfleisch verteilen, mit **30 g** Butter in Flöckchen belegen und unter dem Grill überbacken, bis die Oberfläche knusprig gebräunt ist. Dabei ständig beobachten, da die Haube schnell zu dunkel wird.

WAFFELN 4X ANDERS

Ganz frisch gebacken sind sie der Hit an verregneten Sonntagnachmittagen, beim Kinderfest oder in der herzhaften Variante auch mal zum Abendessen. Der Teig ist schnell zusammengerührt, und die Kinder helfen meist gerne beim Backen

HERZHAFTE RÜBLI-DINKEL-WAFFELN

25 Min. + Backzeit | leicht | **ca. 10** Stück

Zutaten:

250 g Dinkel-Vollkornmehl
2 gestrichene TL Backpulver
1 TL Salz
etwas Pfeffer
etwas geriebene Muskatnuss
125 g Wasser
125 g weiche Butter
4 Eier
250 g Möhren
250 g Magerquark
50 g Crème Fraîche
1 Schuss Mineralwasser mit Kohlensäure
1 Bund Schnittlauch
100 g magere Schinkenspeckwürfel
Öl für das Waffeleisen

1. Mehl, Backpulver, Salz, Pfeffer und Muskat mit dem Wasser in einer Schüssel mischen. Butter in den Mixtopf geben und **20 Sek./Stufe 4** cremig rühren. Eier zugeben, **30 Sek./Stufe 4** unterrühren. Mehlmischung zugeben und **1 Min./Stufe 4** zu einem glatten Teig verrühren. Teig umfüllen und **ca. 15 Minuten** zum Quellen stehen lassen. Mixtopf säubern.

2. Inzwischen Möhren schälen und in groben Stücken in den Mixtopf geben und **4 Sek./Stufe 5** zerkleinern. Umfüllen, Mixtopf säubern.

3. Für den Dip Quark, Crème Fraîche und Mineralwasser in den Mixtopf geben **20 Sek./Stufe 4** glatt rühren. Schnittlauch in Röllchen schneiden, mit dem Spatel unterheben. Mit Salz und Pfeffer abschmecken.

4. Möhren und Schinkenspeckwürfel mit dem Spatel unter den Teig rühren.

5. Waffeleisen vorheizen, Backflächen dünn mit Öl einpinseln. Pro Waffel knapp 2 EL Teig ins Waffeleisen geben und in **ca. 4 Minuten** goldbraun backen. Auf einem Kuchengitter abkühlen lassen. Auf diese Weise, je nach Waffeleisen, ca. 10 Waffeln backen. Mit Quark servieren.

Pro Stück:
ca. 270 kcal – **12** g E – **16** g F – **20** g KH

unser TIPP für euch

Für eine Veggie-Variante statt dem Speck 50 g gehackte Walnusskerne unter den Teig heben

BUTTERMILCH-WAFFELN MIT BEEREN UND VANILLECREME

15 Min. + Backzeit | leicht | ca. 12 Stück

Zutaten:
150 g Butter, 350 g Mehl, 30 g Zucker,
1 TL Backpulver, 1 Prise Salz,
¼ TL gemahlener Kardamom,
400 g Buttermilch, 4 Eier,
400 g roter Frucht-Smoothie (ohne Zuckerzusatz; alternativ Kirschnektar),
3 TL Speisestärke, 300 g TK-Beeren-Mix,
200 g Schmand (20 % Fett),
1 EL Puderzucker, 1 TL Vanillepaste (Fertigprodukt oder selbst gemacht ⬇),
Öl für das Waffeleisen

1. Butter in den Mixtopf geben und **3 Min./Varoma/Stufe 1** schmelzen. Mehl, Zucker, Backpulver, Salz, Kardamom, Buttermilch und Eier zugeben und alles **1 Min./Stufe 4** zum glatten Teig verrühren. Umfüllen, Mixtopf säubern.

2. Waffeleisen vorheizen, Backflächen dünn mit Öl einstreichen. Pro Waffel 1-2 EL Teig in das Waffeleisen geben und in **ca. 4 Minuten** goldbraun ausbacken. Auf ein Kuchengitter legen. Auf diese Weise, je nach Waffeleisen, ca. 12 Waffeln backen.

3. Während die Waffeln backen, für die Fruchtsoße den Smoothie in den Mixtopf geben und **5 Min./100 °C/Stufe 1** erhitzen. Stärke mit 2 EL kaltem Wasser glatt rühren. In den Mixtopf geben, **4 Min./90 °C/Stufe 1** erhitzen, bis die Soße andickt. Gefrorene Früchte zugeben und **5 Min./90 °C/Linkslauf/Stufe 1** köcheln. Umfüllen, Mixtopf säubern.

4. Für die Vanillecreme Schmand mit Puderzucker und Vanille in den Mixtopf geben, **20 Sek./Stufe 4** glatt rühren. Waffeln mit Beeren und Vanillecreme servieren.

Pro Stück:
ca. 305 kcal – **7** g E – **17** g F – **30** g KH

BANANEN-ZIMT-WAFFELN

Zutaten:
175 g Dinkel-Vollkornmehl,
75 g Dinkelmehl Type 630,
2 EL brauner Zucker,
1 EL Backpulver,
1 Prise Salz, 1 TL Zimt,
1 Prise gemahlene Muskatnuss,
3 Eier, 50 g Butter, 250 g Naturjoghurt,
250 g Milch,
1 reife Banane,
Öl für das Waffeleisen,
nach Belieben Ahornsirup, Bananenscheiben und Blaubeeren zum Servieren

15 Min. + Backzeit | leicht | **ca. 10** Stück

1. Mehle, Zucker, Backpulver, Salz, Zimt und Muskat in einer Schüssel mischen. Eier trennen. Eiweiß in den Mixtopf geben, Schmetterling einsetzen. **2 Min./Stufe 4** steif schlagen. Schmetterling entfernen und Eischnee umfüllen.

2. Butter in den Mixtopf geben und **2 Min./Varoma/Stufe 1** schmelzen. Eigelbe, Joghurt und Milch zugeben und **20 Sek./Stufe 4** unterrühren. Banane schälen, Fruchtfleisch mit einer Gabel zerdrücken, in den Mixtopf geben und **30 Sek./Stufe 6** unterrühren. Die Mehlmischung dazugeben und noch mal **30 Sek./Stufe 4** verrühren.

3. Waffeleisen vorheizen, Backflächen dünn mit Öl einpinseln. Pro Waffel 1-2 EL Teig ins Waffeleisen geben und in **ca. 4 Minuten** goldbraun backen. Auf ein Kuchengitter legen. Auf diese Weise, je nach Waffeleisen, ca. 9 weitere Waffeln backen. Nach Belieben mit Ahornsirup, Bananenscheiben und Blaubeeren servieren.

Pro Stück:
ca. 290 kcal – **8** g E – **9** g F – **43** g KH

KUHFLECKEN-WAFFELN MIT VANILLE-SAHNE

15 Min. + Backzeit | leicht | ca. 8 Stück

Zutaten:
150 g weiche Butter
75 g Zucker
1 Päckchen Vanillezucker
1 Prise Salz
4 Eier
250 g Mehl
1 Msp. Backpulver
100 g + 2-3 EL Milch
2 EL ungesüßtes Kakaopulver
150 g kalte Schlagsahne
200 g Vanillequark
Öl für das Waffeleisen

Pro Stück:
ca. 445 kcal – **1** g E – **27** g F – **40** g KH

1. Butter, Zucker und Salz in den Mixtopf geben und **20 Sek./Stufe 4** cremig rühren. Eier zugeben und **30 Sek./Stufe 4** untermischen. Mehl, Backpulver und **100 g** Milch zugeben und **20 Sek./Stufe 4** unterrühren.

2. Eine Hälfte Teig aus dem Mixtopf nehmen. Kakao und **2-3 EL** Milch zur anderen Hälfte geben, **20 Sek./Stufe 4** verrühren. Umfüllen, Mixtopf säubern.

3. Waffeleisen vorheizen und die Backflächen dünn mit Öl einpinseln. Pro Waffel zügig je 1 EL hellen und dunklen Teig in mehreren Klecksen in das Waffeleisen geben und **ca. 4 Min.** goldbraun backen. Auf ein Kuchengitter legen. Aus dem übrigen Teig, je nach Waffeleisen, ca. 7 weitere Waffeln backen.

4. Inzwischen Sahne in den Mixtopf geben. Schmetterling einsetzen, Sahne auf **Stufe 3,5** mit Sichtkontakt halbsteif schlagen. Quark zugeben, mit dem Spatel unterrühren. Waffeln mit Sahne servieren.

unser TIPP für euch

Noch Waffeln übrig? Aufgebacken im Toaster schmecken sie am nächsten Tag wieder wie frisch gebacken. Sie lassen sich auch prima einfrieren und dann im Toaster auftauen und aufbacken. Es lohnt sich also auch, gleich die doppelte Menge zu machen

TOMATEN-SCHNITZEL-TOPF

15 Min. + Garzeit

leicht

4 Portionen

Zutaten:

400 g Minutenschnitzel vom Schwein,
3 EL dunkle Sojasauce, 150 g Zwiebel,
20 g Olivenöl, 200 g Reis,
1 Dose Tomaten (400 g),
4 gehäufte TL mildes Ajvar (Paprikapaste),
3 EL Fleischbrühe (Fertigprodukt oder selbst gemacht),
600 g Tomaten-Gemüse-Saft,
je 1 rote, grüne und gelbe Paprikaschote
150 g Kirschtomaten

1. Schnitzel in Würfel schneiden, in einen Gefrierbeutel geben, die Sojasauce hinzufügen und marinieren lassen, bis alle anderen Zutaten vorbereitet sind.

2. Zwiebeln abziehen, in Stücken in den Mixtopf geben und **5 Sek./Stufe 5** zerkleinern. Olivenöl hinzugeben und **3 Min./120 °C (TM31: Varoma)/Stufe 1** andünsten.

3. Reis in einem Sieb kalt abspülen. Mit Tomaten aus der Dose, Ajvar, Fleischbrühe und Saft in den Mixtopf geben. Varoma aufsetzen, Fleisch hineingeben, **15 Min./Varoma/ Linkslauf/Stufe 1** garen.

4. Paprika putzen und in Würfel schneiden, Tomaten je nach Größe halbieren oder vierteln.

5. Paprika und Tomaten in den Varoma hinzugeben und weitere **10 Min./Varoma/ Linkslauf/Stufe 1** garen.

6. Reis, Schnitzel und Gemüse in einer großen Schüssel mischen, abschmecken und servieren.

Pro Portion:
ca. 440 kcal – **32** g E – **9** g F – **56** g KH

MAC'N CHEESE PIES

15 Min. (+ Backzeit) | leicht | 12 Stück

Zutaten:
250 g würziger Cheddar,
250 g Milch, 1 Ei, 10 g Speisestärke,
300 g kurze Makkaroni (oder Gabelspaghetti),
Salz, Fett für das Muffinblech

1. Backofen auf **200 °C (Ober-/Unterhitze; 180 °C Umluft)** vorheizen.

2. Cheddar in den Mixtopf geben und **10 Sek./Stufe 6** zerkleinern, umfüllen.

3. Milch, Ei und Speisestärke in den Mixtopf geben und **10 Sek./Stufe 5** vermischen. Käse zugeben und **5 Min./100 °C/Stufe 1** aufkochen.

4. Inzwischen Nudeln in Salzwasser auf dem Herd kochen. Abgießen, abtropfen lassen und in die Soße geben.

5. Die 12 Mulden eines Muffinblechs fetten und die Nudeln mit der Soße auf die Mulden verteilen. **Ca. 20 Minuten** im heißen Ofen backen. Dazu schmeckt die Tomatensoße von Seite 31.

Pro Stück:
ca. 185 kcal – **9** g E – **8** g F – **18** g KH

unser TIPP für euch

Mini-Pies in der Form etwas abkühlen lassen, dann vorsichtig mit Hilfe eines Löffels und eines spitzen Messers aus den Mulden lösen

RUCK-ZUCK-REZEPTE – FERTIG IN 40 MINUTEN

MILCHREIS UND KARAMELLSOSSE

38 Min. + Wartezeit | leicht | 4 Portionen

Zutaten für den Milchreis:
1000 g Milch,
220 g Milchreis, 40 g Zucker,
1 Päckchen Vanillezucker

1. Alle Zutaten in den Mixtopf geben und **38 Min./90 °C/Linkslauf/Stufe 1** kochen. Dann **15-20 Minuten** im Mixtopf quellen lassen.

Pro Portion:
ca. 410 kcal – **11** g E – **9** g F – **69** g KH

unser TIPP für euch

Wenn kleine Kinder mitessen, kann man etwas kalte Milch unter den Reis rühren, dann ist er nicht mehr so heiß

7 Min. | leicht | 4 Portionen

Zutaten für die Karamellsoße:
100 g weiche Toffee-Bonbons (z. B. Sahne Muh Muhs), 200 g Schlagsahne

1. Bonbons in den Mixtopf geben und **10 Sek./Stufe 10** zerkleinern. Achtung, es ist sehr laut!

2. Schlagsahne zugeben und Bonbons **5 Min./100 °C/Stufe 1** schmelzen. Soße umfüllen und abkühlen lassen. Die Soße dickt erst beim Kaltwerden an.

Pro Portion:
ca. 230 kcal – **2** g E – **16** g F – **21** g KH

FÜR JEDEN EINE Denn natürlich braucht jedes Familienmitglied seine eigene Tasse mit dem entsprechenden Anfangsbuchstaben. Dann gibt es auch keinen Ärger mehr unter den Kindern wegen irgendwelcher Lieblingstassen. Die Tassen im skandinavischen Look gibt es mit allen Buchstaben des Alphabets und wahlweise aus Porzellan oder Melamin. Gesehen bei www.emilundpaula.de, ab 9,90 Euro.

COOLE SACHE
Das fünfteilige Salatset „Accenta" von Emsa ist perfekt, um Salate, Desserts, Obst und mehr zu transportieren, frisch zu halten und zu servieren. Es besteht aus einer kleinen und einer großen Edelstahlschale samt Deckel und einem Kühlakku. Ca. 45 Euro.

Neue Familien-Lieblinge

Praktische und schöne Dinge, die jede Familienküche noch ein bisschen besser machen. Und, wer zieht bei euch ein?

TISCHLEIN DECK DICH
Ob Pizzaschlacht, Gartenparty oder Kinderfest: diese Tischdecke aus beschichtetem Polyester übersteht selbst die größte Kleckerei und ist am Ende mit einem Wisch wieder sauber. Dazu macht sie mit ihren roten Streifen einfach gute Laune. 1,40 x 2,00 m. Erhältlich bei www.hemashop.com für 9 Euro.

PRAKTISCHER HOCHSTAPLER Echte Thermi-Fans brauchen eigentlich kaum noch Töpfe. Die Porzellantöpfe aus der „Cook & Serve"-Serie von Eschenbach lohnen sich trotzdem. Denn die eignen sich nicht nur zum Kochen, sogar auf Induktion, sondern sind schick genug zum Servieren, lassen sich auf den Grill, in die Mikrowelle, in die Gefriertruhe und in den Kühlschrank stellen und als Auflaufform benutzen. Die Multitalente gibt es in vielen verschiedenen Farben, Formen und Größen ab ca. 55 Euro. Weitere Infos unter www.eschenbachporzellan.de

DIE SORGEN FÜR ORDNUNG Spart bei Partys die lästige Suche nach dem eigenen Glas und im Familienalltag jede Menge Abwasch. Denn mit den witzigen bunten Männchen zum Anstecken weiß ab sofort auch am Ende des Tages noch jeder, welches Glas ihm gehört. Erhältlich bei www.design-3000.de, Packung mit 12 Stück für ca. 7 Euro.

FÜR PIZZA UND PASTA
Wer wollte „Leo" nicht in seine Familie aufnehmen? Denn das Multitalent kann sowohl Pizza schneiden als auch Käse über Nudeln und Ähnliches raspeln. Kein Wunder, dass er bei unserer Amelie mittlerweile fast täglich im Einsatz ist. Erhältlich unter berghoffworldwide.com für ca. 24 Euro.

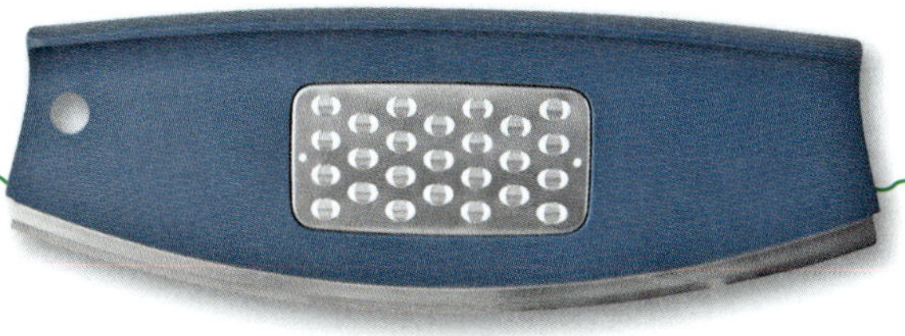

Veggie für Alle: (k)ein Problem?

Immer oder immer öfter vegetarisch essen liegt auch bei Familien im Trend. Aber ist das wirklich gesund für Kinder? Wir haben bei unserer Veggie-Expertin Amelie nachgefragt

AMELIE KOWALSKI ist Mama von zwei Jungs im Kindergarten- und Grundschulalter und ernährt sich seit über zehn Jahren vegetarisch. Auf ihrem Blog www.mix-dich-gluecklich.de zeigt sie, wie lecker das schmecken kann. Und da sie am liebsten alles selbst macht, benutzt sie ihren geliebten Thermi auch für selbst gemachte Kosmetik, Hustensaft und mehr.

Ist eine vegetarische Ernährung empfehlenswert für Kinder?

Amelie: Da kommt es, genau wie bei den Fleischessern, vor allem darauf an, was tatsächlich auf dem Teller landet. Ein ausgewogenes vegetarisches Essen versorgt Kinder problemlos mit allem, was sie für eine gesunde Entwicklung brauchen. Oft essen Vegetarier sogar besser als der durchschnittliche Fleischesser, wie viele Studien beweisen. Denn sie nehmen weniger gesättigte Fette und mehr Ballast- und Bioaktivstoffe zu sich. Vor allem wer dauerhaft vegetarisch isst, sollte aber nicht einfach nur Fleisch und Fisch weglassen, sondern sich auch Gedanken machen, mit welchen pflanzlichen Lebensmitteln er sie so ersetzen kann, dass wichtige Nährstoffe nicht zu kurz kommen.

Eiweiß ist ja besonders wichtig für Kinder im Wachstum. Wie bekommen sie genug davon?

Hier kommt es auf einen cleveren Mix an. Pflanzeneiweiß ist nicht so ideal aufgebaut für unseren Körper wie tierisches. Geschickt kombiniert, liefern pflanzliche Lebensmittel aber sogar hochwertigeres Eiweiß als das berühmte „kleine Steak". Ideale Kombis sind Kartoffeln und Ei, Kartoffeln und Milchprodukte, Getreide und Milchprodukte und Getreide mit Hülsenfrüchten und Nüssen.

Wie sieht es aus mit Eisen bei Veggie-Kids?

Der Mineralstoff steckt auch in Pflanzen wie z.B. Vollkorngetreide, grünem Blattgemüse, Rote Bete oder Sesam, ist aber weniger gut verwertbar für den Körper als aus Fleisch. Ein einfacher Trick wirkt jedoch Wunder: Vitamin C verbessert seine Verfügbarkeit deutlich. Ich mixe Eisenreiches daher immer mit Vitamin-C-reichem Gemüse oder Obst. Also etwa ein paar Beeren zum Vollkornmüsli, Paprikagemüse zum Getreidebratling oder ein Glas Orangensaft zum Essen.

Auf welche Nährstoffe sollte man noch besonders achten?

Zink, wichtig fürs Wachsen und für ein starkes Immunsystem, kann bei vegetarischer Ernährung zu kurz kommen. Ich tische meinen Jungs deshalb regelmäßig Nüsse, Kerne, Hülsenfrüchte und Eier auf, dann sind sie gut versorgt. Für die Kalziumversorgung sind vor allem Milchprodukte

Ihr wollt öfters vegetarisch essen? Fangt doch damit an, indem ihr zwei Tage in der Woche zum Veggie-Day erklärt. So entdeckt ihr nach und nach immer mehr fleischlose Lieblingsrezepte.

? SIND SOJAPRODUKT WIE SOJADRINKS ODER TOFU EINE GUTE EIWEISSQUELLE FÜR KINDER? *Soja ist eine der eiweißreichsten Pflanzen und daher eine tolle Veggie-Alternative zu Fleisch und Fisch. Die Hülsenfrucht enthält aber Pflanzenhormone, die im Übermaß den Hormonhaushalt von Kindern stören können. Ein oder zwei Mal Tofu in der Woche oder ab und zu mal ein Sojapudding ist überhaupt kein Problem. Aber auf Dauer mehrmals täglich Sojaprodukte zu essen, ist für Kinder nicht empfehlenswert. Besser mit Milchprodukten, Pflanzenmilch aus Mandeln oder Hafer, anderen Hülsenfrüchten oder Seitan als Fleischersatz abwechseln.*

von Bedeutung. Das Mineral steckt aber auch in grünem Gemüse und Kräutern wie Brokkoli, Fenchel, Rucola oder Petersilie und in Saaten wie z.B. Sesam. Essen eure Kinder wenig oder keine Milchprodukte, könnt ihr die Versorgung mit kalziumreichem Mineralwasser (mehr als 150 mg Kalzium pro Liter) unterstützen. Bei den Vitaminen können manche B-Vitamine knapp werden. Vor allem Vitamin B 12, denn der Mensch kann nur das B12 aus tierischen Lebensmitteln verwerten. Wer regelmäßig Milch, Milchprodukte und Eier isst, bekommt genug davon. Wichtig ist, dass Milchprodukte von Bio-Höfen und Weidekühen stammen bzw. Bio-Eier verwendet werden. Die Qualität und der Nutzen von Milch und Eiern für uns und unsere Kinder ist nur so gut, wie das Futter, das die Tiere bekommen und die artgerechte Haltung der Tiere. Wer sich also wirklich Gedanken um eine ausgewogene und gute Ernährung macht, sollte diese Aspekte nicht vergessen.

Lässt sich ein guter Nährstoffmix auch mit einer veganen Ernährung erreichen?

Nein, eher nicht. Denn je eingeschränkter die Lebensmittelauswahl, desto schwieriger wird es, alle wichtigen Nährstoffe aufzunehmen und desto besser muss man sich mit Ernährung auskennen. Durch den Verzicht auf Eier kocht und backt man anders, nährstoffmäßig lässt es sich durch Milchprodukte aber gut ausgleichen. Werden diese aber auch weggelassen, kommt vor allem Vitamin B12, das

besonders wichtig für das Wachstum ist, zu kurz. Reine Pflanzenkost ist außerdem reich an Ballaststoffen, aber arm an Kalorien. Was sich erst mal gut anhört, ist besonders für Kleinkinder ungeeignet. Denn ihr Verdauungssystem ist mit zu vielen Ballaststoffen oft noch überfordert. Und sie brauchen durch ihr starkes Wachstum im Verhältnis zu ihrem Körpergewicht viel mehr Kalorien als Erwachsene.

Meine Kinder finden grünes Gemüse im Essen nicht gut. Trotzdem gibt es bei uns Brokkoli und Zucchini, z.B. püriert in der Soße oder versteckt im Bratling – und schon essen sie es ...

Es kommt also auf eine gute Mischung auf dem Teller an. Wie bekomme ich das hin, wenn mein Kind mäkelig ist und z.B. kaum Gemüse essen will?

Kinder brauchen oft mehrere Versuche, bis sie Neues akzeptieren. Also nicht gleich beim ersten „Bäh" aufgeben. Bei Gemüse verschiedene Sorten und Zubereitungsarten ausprobieren. Oft kommt Knabbergemüse gut an.

Was mache ich, wenn ein Teil der Familie Fleisch mag?

Ich koche zu Hause nur vegetarisch, aber meine Jungs essen auch mal ein Würstchen oder Chicken Nuggets. Da bin ich gelassen und zwinge sie zu nichts. Auch sonst will ich niemanden zum Veggie bekehren. Denn das ist eine persönliche Sache, die jeder selbst entscheiden soll. Was ich mit meinen Rezepten erreichen will, ist, zu zeigen, dass man auch ohne Fleisch und Fisch lecker essen kann. Ein guter Kompromiss ist oft, dass die Nicht-Veggies außer Haus Fleisch und Fisch essen oder sich ein Stück Fleisch oder Fisch extra machen.

WIE WERDEN REZEPTE VEGGIE-TAUGLICH?
Bereitet Fleisch und Fleischersatz separat zu und gebt es dann getrennt zum Essen. Wenn es ein All-in-One Gericht ist, einigt euch am besten darauf, dass alle die vegetarische Version essen und es ein anderes Mal wieder gesondert Fleisch gibt. Versucht nicht, euch gegenseitig zu bekehren. Das führt nur zu Unfrieden am Mittagstisch. Auch Kinder sollten Fleisch oder Fisch essen dürfen, wenn sie es möchten, selbst wenn sie noch klein sind. Respektiert diesen Wunsch und erfüllt ihnen diesen zum Beispiel beim nächsten Restaurantbesuch.

KRAKE DIP

20 Min. + Wartezeit | leicht | **10** Portionen

Zutaten für den Dip:
200 g Schmand
300 g Doppelrahmfrischkäse
25 g tiefgekühlte italienische Kräuter
½ TL Salz
Pfeffer

Zutaten für die Krake:
2 rote Paprikaschoten
2 Knoblauchscheiben
2 Nelken

Außerdem:
Gemüse und/oder
Baguette zum Dippen

1. Für den Dip alle Zutaten in den Mixtopf geben und **10 Sek./Stufe 4** vermischen. Dip für **ca. 30 Minuten** in den Kühlschrank stellen, dann wird er wieder fester. Anschließend auf einem großen Teller ausbreiten.

2. Für die Krake den Deckel einer Paprika abschneiden, entkernen und umgedreht mittig als Körper auf den Dip setzen. Mit einem Zahnstocher zwei kleine Löcher in den unteren Bereich der Schote piksen und die Knoblauchscheiben mit den Nelken als Augen daraufstecken.

3. Übrige Paprika in Streifen schneiden und 8 Streifen als Tentakel auf den Dip legen. Übrige Streifen mit anderem Gemüse und/oder Brot in mundgerechten Stücken zum Dippen dazureichen.

Pro Portion (ohne Zutaten zum Dippen):
ca. 155 kcal – **4** g E – **14** g F – **4** g KH

SNACKS

Egal ob im Alltag oder bei Festen: Diese Leckerbissen sind genau die richtige Antwort auf die ewig wiederkehrende Frage „Mama, gibt's noch irgendwas zu essen?"

BISTRO-BAGUETTES

5 Min. + Backzeit

leicht

8 Stücke

Zutaten:

125 g Butter
1 Packung Schmelzkäse „Tomate" (200 g)
1 Packung Schmelzkäse „Natur" (200 g)
½ rote Paprikaschote
1 Dose Mais (150 g Abtropfgewicht)
2 EL Schnittlauchröllchen + etwas zum Bestreuen
2 große Baguettes

1. Backofen auf **180 °C Ober-/Unterhitze (160 °C Umluft)** vorheizen.

2. Butter und beide Schmelzkäse-Sorten in den Mixtopf geben und **20 Sek./Stufe 5** vermischen.

3. Paprikaschote fein würfeln und mit Mais und Schnittlauch in den Mixtopf geben, mit dem Spatel unterrühren.

4. Baguettes waagerecht halbieren. Käsemasse auf den Hälften verteilen. Für **15 Minuten** im Ofen backen. Nach Wunsch noch mit Schnittlauch bestreuen, dann in 8 Stücke schneiden.

Pro Stück:
ca. **457** kcal – **10** g E – **30** g F – **37** g KH

unser TIPP für euch

Man kann auch Brötchenhälften oder Baguette-Scheiben mit der Käsecreme überbacken

KARTOFFELRÖSTI-MUFFINS

10 Min. + Backzeit | leicht | 12 Stück

Zutaten:
200 g Gouda, 50 g Parmesan,
1 kg Kartoffeln, 4 Eier, 1 TL Salz,
1 Msp. geriebene Muskatnuss, Fett für die Form

1. Backofen auf **200 °C Ober-/Unterhitze (180 °C Umluft)** vorheizen.

2. Beide Käsesorten in den Mixtopf geben und **10 Sek./Stufe 6** zerkleinern, umfüllen.

3. Kartoffeln schälen und in Stücken in den Mixtopf geben, **3 Sek./Stufe 6** zerkleinern. Kartoffelmasse auf ein sauberes Geschirrtuch geben und so gut wie möglich ausdrücken.

4. Kartoffelmasse in eine Schüssel füllen. 1/5 des Käses zurückbehalten, den Rest mit Eiern und Gewürzen zu den Kartoffeln geben und mit dem Spatel gut durchmischen.

5. 12 Mulden einer Muffin-Form einfetten und die Kartoffelmasse auf die Mulden verteilen. Mit restlichem Käse bestreuen und im heißen Ofen **ca. 30 Minuten** goldbraun backen. Dazu schmeckt Ketchup.

Pro Stück:
ca. 170 kcal – **9** g E – **27** g F – **12** g KH

Funktioniert mit jeder Kartoffelsorte – nehmt, was ihr da habt

unser TIPP für euch

Mehr Eiweiß, weniger Fett und mindestens genauso würzig – dieser Supersnack ist eine tolle Alternative zu Knabbernüssen

GERÖSTETE KICHERERBSEN

5 Min. + Backzeit | leicht | **4** Portionen

Zutaten:
1 Dose Kichererbsen (260 g Abtropfgewicht), 10 g geräuchertes Paprikapulver (ersatzweise Paprikapulver edelsüß), ¼ TL Kreuzkümmelsamen, 1 TL schwarze Pfefferkörner, 10 g grobes Meersalz, 2 EL Olivenöl

1. Backofen auf **225 °C (Ober-/Unterhitze)** vorheizen. Kichererbsen abgießen, kalt abspülen, gut abtropfen lassen und sorgfältig mit Küchenpapier trocken tupfen.

2. Gewürze und Salz in den Mixtopf geben und **30 Sek./Stufe 10** mischen und pulverisieren. Öl zugeben und **30 Sek./Stufe 2-3** untermischen.

3. Kichererbsen mit dem Würzöl übergießen und gut durchmischen. Kichererbsen auf einem mit Backpapier belegten Backblech verteilen.

4. Im heißen Ofen **30-35 Minuten** rösten, dabei nach **ca. 20 Minuten** einmal gut durchrühren. Auf einem Kuchengitter auskühlen lassen.

Pro Portion:
ca. 125 kcal – **5** g E – **7** g F – **11** g KH

unser TIPP für euch

In einer gut schließenden Dose oder in einem Schraubglas lassen sich die Kichererbsen ca. 1 Woche aufbewahren (unwahrscheinlich aber, dass sie so lange überhaupt überleben, zumindest bei uns...)

MANGO-POMMES MIT ERDBEER-KETCHUP

5 Min. | leicht | 4 Portionen

Zutaten:

150 g tiefgekühlte Erdbeeren
25 g Puderzucker
nach Belieben etwas rote Lebensmittelfarbe
2 Mangos

Pro Portion:
ca. 115 kcal – **0** g E – **1** g F – **25** g KH

1. Gefrorene Erdbeeren und Puderzucker in den Mixtopf geben, **10 Sek./Stufe 10** zerkleinern (Achtung, laut!), runterschieben. **5 Min./100 °C/Stufe 1** erhitzen. Nach Belieben etwas Lebensmittelfarbe zugeben und **5 Sek./Stufe 3** vermischen. Abkühlen lassen.

2. Mangos schälen, in Pommes-artige Stifte schneiden und mit Erdbeer-Ketchup zum Dippen servieren.

Die Mangos sollten reif, aber nicht zu weich sein, damit die Stifte perfekt werden

unser TIPP für euch

Der Erdbeer-Ketchup hält sich im Kühlschrank einige Tage

ANANAS-AVOCADO-SMOOTHIE

5 Min. | leicht | 4 Portionen

Zutaten:
2 reife Avocados, 400 g Ananasfruchtfleisch (frisch oder aus der Dose), 1 Salatgurke, 200 g Orangensaft, Saft von 2 Limetten, ½ Bund Minze

1. Avocados halbieren, Steine entfernen. Fruchtfleisch mit einem Löffel aus der Schale lösen und in den Mixtopf geben. Ananasfruchtfleisch in groben Stücken zugeben.

2. Gurke nach Belieben schälen und in groben Stücken in den Mixtopf geben. Orangen- und Limettensaft zugießen.

3. Minze, bis auf 4 Stiele zum Verzieren, von den Stielen zupfen und in den Mixtopf geben. Alles **1 Min./Stufe 6** pürieren. Nach Belieben noch etwas kaltes Wasser untermixen, sodass die gewünschte Konsistenz erreicht wird.

4. Smoothie in Fläschchen oder Gläser füllen. Mit Minze verzieren und sofort servieren.

Pro Portion:
ca. 230 kcal – **3** g E – **12** g F – **25** g KH

Schmeckt
auch kalt als
Lunch To Go

Zu Hause, beim Schulfest oder bei der Grillparty: Zusammen macht Genießen noch mehr Spaß! Besonders, wenn sich die Rezepte auch für viele so schnell und einfach zubereiten lassen. Und so gut sind, dass ihr bestimmt mehr als einmal nach dem Rezept gefragt werdet...

DAS SCHMECKT der großen Runde

SPINAT-FETA-BLÄTTERTEIGTASCHEN

20 Min. + Backzeit | leicht | 12 Stück

Zutaten:

50 g Pinienkerne
2 kleine Zwiebeln
1 Knoblauchzehe
20 g Öl
500 g tiefgekühlter Blattspinat
½ EL Gemüsebrühpulver (Fertigprodukt oder selbst gemacht)
300 g Feta
2 Blätterteigrollen aus dem Kühlregal (à 270 g)
1 Ei

1. Backofen auf **200 °C Ober-/Unterhitze (180 °C Umluft)** vorheizen.

2. Pinienkerne in einer Pfanne ohne Fett anrösten, beiseitestellen.

3. Zwiebeln und Knoblauch abziehen und **5 Sek./Stufe 5** zerkleinern. Öl zugeben und **2,5 Min./120 °C (TM 31®: Varoma)/Stufe 1** andünsten.

4. Spinat zugeben und **10 Min./100 °C/Stufe 1** auftauen. Spinat in den Gareinsatz geben und mit dem Löffel gut ausdrücken.

5. Spinat zurück in den Mixtopf geben und mit Gemüsebrühpulver **15 Sek./Stufe 5** zerkleinern. Feta in kleinen Stücken zugeben und **10 Sek./Linkslauf/Stufe 2** vermischen.

6. Blätterteigrollen ausbreiten und jeweils in 6 Stücke schneiden. Masse auf die 12 Stücke verteilen, mit Pinienkernen bestreuen und anschließend jeweils die Ecken zur Mitte überschlagen, die Kanten zwischen den Fingern gut zusammendrücken und etwas glatt streichen. Ei verquirlen und die Taschen damit bestreichen. Im heißen Ofen **ca. 20 Minuten** goldbraun backen.

Pro Stück:
ca. 280 kcal – **10** g E – **20** g F – **17** g KH

Dieses Symbol kennzeichnet Zutaten, die man auch selber machen kann. Rezept siehe download EXTRA rezeptemitherz-mag.de/downloads/

SCHINKEN-KÄSE-MUFFINS

10 Min. + Backzeit | leicht | **12** Stück

Zutaten:

100 g Kochschinken in Scheiben
100 g Bergkäse
1 TL Speisestärke
75 g Butter
2 Eier
250 g Mehl
2 TL Backpulver
125 g Milch
1 TL Salz
3 EL Schnittlauchröllchen (tiefgekühlt oder frisch)
Fett für die Muffin-Form

1. Backofen auf **180 °C (Umluft)** vorheizen.

2. Schinken in den Mixtopf geben, **2 Sek./Stufe 5** zerkleinern und umfüllen.

3. Bergkäse und Speisestärke in den Mixtopf geben, **10 Sek./Stufe 5** grob zerkleinern und vermischen, umfüllen.

4. Butter und Eier in den Mixtopf geben und **30 Sek./Stufe 4** schaumig rühren. Mehl, Backpulver, Milch und Salz hinzufügen und **20 Sek./Stufe 4** unterrühren.

5. Schinken, Käse und Schnittlauch hinzufügen und **20 Sek./Linkslauf/Stufe 1,5** vermischen, dabei nach Bedarf eventuell mit dem Spatel etwas nachhelfen.

6. Teig gleichmäßig in die 12 Mulden einer gefetteten Muffin-Form füllen. Im heißen Ofen **ca. 20 Minuten** backen. Nach **ca. 15 Minuten** die Stäbchenprobe machen. Dazu mit einem Holzspieß in die Muffins stechen. Klebt beim Herausziehen Teig am Stäbchen, sind die Muffins noch nicht fertig. Ist das Stäbchen sauber, sind die Muffins fertig. Auf einem Kuchengitter auskühlen lassen.

Pro Stück:
ca. 180 kcal – **8** g E – **10** g F – **16** g KH

Das Einfetten könnt ihr euch bei **Silikon-förmchen** sparen

NUDELSALAT MIT PESTO

25 Min. | leicht | 8-10 Portionen

Zutaten:
500 g Farfalle (oder andere kurze Nudeln),
3 EL tiefgekühltes Basilikum,
60 g Basilikum-Pesto,
60 g Mayonnaise,
100 g Naturjoghurt, Salz, Pfeffer,
75 g getrocknete Tomaten in Öl,
150 g Rucola,
2 Packungen (à 150 g) Mini-Mozzarella

Pro Portion:
ca. 315 kcal – **17** g E – **20** g F – **39** g KH

1. Nudeln in Salzwasser nach Packungsanweisung garen.

2. Basilikum mit Pesto, Mayonnaise und Joghurt in den Mixtopf geben. **20 Sek./Stufe 3** zu einem cremigen Dressing mixen. Mit Salz und Pfeffer abschmecken.

3. Nudeln abgießen, abtropfen lassen und noch warm mit dem Dressing mischen. Abkühlen lassen.

4. Tomaten gut abtropfen lassen und in kleine Stücke schneiden. Grobe Stiele vom Rucola entfernen. Rucola grob zerzupfen. Mozzarella abtropfen lassen.

5. Vorbereitete Zutaten unter den Nudelsalat mischen. Mit Salz und Pfeffer abschmecken. Mit etwas Basilikum garnieren und servieren.

SCHICHTSALAT

10 Min. + Wartezeit

leicht

8 Portionen

Zutaten:

1 Glas Sellerie in Stiften (190 g Abtropfgewicht),
1 großer Apfel, 2 Stangen Lauch,
1 Dose Mais (260 g Abtropfgewicht),
1 Dose Ananasstücke (350 g Abtropfgewicht),
200 g Kochschinken in Scheiben,
5 hartgekochte Eier,
1 Becher Saure Sahne (200 g),
50 g milder Weißweinessig,
50 g Mayonnaise (selbst gemacht ohne Ei oder Fertigprodukt),
Salz, Pfeffer

1. Sellerie abgießen und abtropfen lassen. Apfel vierteln, entkernen und in dünne Scheiben schneiden oder hobeln. Lauch in feine Ringe schneiden oder hobeln. Mais abgießen und abtropfen lassen. Ananas abgießen, dabei 50 g der Flüssigkeit auffangen. Ananas abtropfen lassen. Schinken in kleine Würfel schneiden. Eier pellen und in Scheiben schneiden. Alle vorbereiteten Zutaten nacheinander in eine große Schüssel oder Gläser schichten.

2. Für das Dressing Saure Sahne, Ananasflüssigkeit, Essig und Mayonnaise in den Mixtopf geben und **10 Sek./Stufe 5** verrühren. Mit Salz und Pfeffer abschmecken.

3. Dressing über den Salat gießen und einige Stunden durchziehen lassen. Der Salat schmeckt auch am nächsten Tag noch sehr gut.

Pro Portion (bei 8):
ca. 220 kcal – **8** g E – **9** g F – **24** g KH

30 Min + Back- und Wartezeit

leicht

ca. 15 Stücke

HACKFLEISCH-TORTE

Zutaten:

2 Rollen Blätterteig (à 270 g; 40x24 cm; Kühlregal)
1 große Zwiebel
400 g Rinderhackfleisch
100 g Bergkäse
1 TL Speisestärke
1 Stange Lauch
1 Knoblauchzehe
30 g Tomatenmark
2 EL Olivenöl
1 Dose Tomaten (400 g)

Pro Stück:
ca. 240 kcal – **10** g E – **16** g F – **15** g KH

1. Teig aus dem Kühlschrank nehmen und bei Zimmertemperatur ca. 15 Minuten ruhen lassen.

2. Inzwischen für die Füllung Zwiebel in Stücken in den Mixtopf geben und **5 Sek./Stufe 5** zerkleinern.

3. Hackfleisch hinzugeben und **5 Min./100 °C/Rührstufe** andünsten und umfüllen, Mixtopf säubern.

4. Käse und Stärke in den Mixtopf geben, **8 Sek./Stufe 7** zerkleinern, dann umfüllen.

5. Lauch in Stücken und abgezogene Knoblauchzehe in den Mixtopf geben, **6 Sek./Stufe 8** zerkleinern. Tomatenmark und Öl hinzugeben und **3,5 Sek./120 °C (TM31: Varoma)/ Stufe 2** anrösten.Tomaten hinzufügen und **15 Min./100 °C/Stufe 1** ohne Messbecher einkochen lassen.

6. Eine Hälfte des Käses hinzugeben und **10 Sek./Stufe 3** untermischen.

7. Backofen auf **180 °C** (Umluft) vorheizen. Teig entrollen und 2 Tarteformen oder 1 Backblech damit auslegen. Den Boden jeweils mit einer Gabel mehrmals einstechen.

8. Hackmischung auf dem Teig verteilen, Rest Käse darüberstreuen und die Torte im heißen Ofen **ca. 40 Minuten** backen. Lauwarm oder ausgekühlt servieren.

SOLERO-TRIFLE

20 Min. | leicht | 6-8 Stück

Zutaten:
80 g Hafer-Cookies
400 g Schlagsahne
400 g Naturjoghurt
4 Päckchen Dessertsoße ohne Kochen Vanillegeschmack (à 24 g) von Ruf ***(diese Zutat bitte nicht austauschen!)***
250 g Maracujanektar

1. Cookies in den Mixtopf geben und **5 Sek./Stufe 4** zerkleinern. In 6-8 Dessertgläser verteilen.

2. Sahne, Naturjoghurt und 1 Päckchen Dessertsoße in den Mixtopf geben und **30 Sek./Stufe 10** schlagen. Auf die Cookies in die Gläser füllen. Mixtopf spülen.

3. Maracujanektar mit 3 Päckchen Dessertsoße in den Mixtopf geben und **1 Min./Stufe 3,5** mixen. Auf die Sahnecreme geben und bis zum Verzehr im Kühlschrank lagern.

Pro Stück:
ca. 395 kcal – **10** g E – **17** g F – **45** g KH

unser TIPP für euch

Dessertsoße zum Kochen funktioniert nicht!

FRUCHTIGE WACKELPUDDING-BIERCHEN

20 Min. + Wartezeit | leicht | **8** Portionen

Zutaten:

2 Dosen Pfirsichhälften (à 250 g Abtropfgewicht), 100 g Maracujanektar,
100 g frisch gepresster Zitronensaft,
100 g Zucker,
2 Beutel (à 16 g) vegetarisches Geliermittel von Dr. Oetker (alternativ 32 g gemahlene Gelatine)
300 g Schlagsahne,
300 g Vanillejoghurt

Pro Portion:
ca. 275 kcal – **7** g E – **13** g F – **34** g KH

1. Pfirsiche abgießen, Saft dabei auffangen. Pfirsiche in kleine Würfel schneiden und in 8 durchsichtige Einwegbecher oder Gläser verteilen.

2. Waage aktivieren. Pfirsichflüssigkeit in den Mixtopf geben und mit Maracujanektar, Zitronensaft und Wasser auf 800 g auffüllen. Zucker und Geliermittel zufügen, **30 Sek./Stufe 4** unterrühren, **12 Min./100 °C/Stufe 1** kochen.

3. Flüssigkeit vorsichtig in die Becher mit den Pfirsichwürfeln füllen. Abkühlen lassen, dann abgedeckt **ca. 1 Stunde** kalt stellen, bis der Wackelpudding fest ist. (Achtung, Gelatine braucht ca. 5 Stunden zum Festwerden!)

4. Vor dem Servieren die kalte Schlagsahne in den kalten Mixtopf geben, Schmetterling einsetzen und auf **Stufe 4** halb steif schlagen, das dauert **ca. 10-30 Sek**, durch den Deckel beobachten, auch wenn es spritzt. Schmetterling entfernen. Vanillejoghurt zugeben. **15 Sek./Stufe 3,5** untermischen. Die Vanillecreme als „Schaumkrone“ auf die Götterspeise geben und servieren.

XXL-ZIMTSCHNECKE

25 Min. + Warte- und Backzeit | leicht | **16** Stücke

Zutaten für den Teig:

1 Würfel Hefe (42 g)
200 g Milch
70 g Zucker
70 g weiche Butter
500 g Mehl

Für die Zimt-Zucker-Butter:

100 g weiche Butter
140 g brauner Zucker
3 TL Zimt

Für den Guss:

60 g Zucker
40 g weiche Butter
80 g Doppelrahmfrischkäse

1. Für den Teig Hefe, Milch, Zucker und Butter in den Mixtopf geben, **5 Min./37 °C/Stufe 1** erwärmen. Mehl zugeben und **2 Min./Teigstufe** kneten. Teig in eine Schüssel legen und mit Frischhaltefolie abgedeckt **ca. 1 Stunde** an einem warmen Ort gehen lassen.

2. Inzwischen Zutaten für die Zimt-Zucker-Butter in den Mixtopf geben und **20 Sek./Stufe 4** vermischen, umfüllen. An einem warmen Ort stehen lassen, damit sie schön weich ist. Mixtopf spülen und abtrocknen.

3. Für den Guss Zucker in den trockenen Mixtopf geben und **1 Min./Stufe 10** pulverisieren, vom Rand schieben. Butter und Frischkäse zugeben und **20 Sek./Stufe 4** vermischen, ggf. vom Rand schieben, umfüllen und in den Kühlschrank stellen.

4. Teig kurz durchkneten und zu einem Rechteck (ca. 45 x 35 cm) ausrollen. Mit der Zimt-Zucker-Butter bestreichen. Längs in 6 gleich breite Streifen schneiden. Den ersten Streifen aufrollen, den zweiten Streifen direkt ansetzen und weiter in die gleiche Richtung aufrollen. So fortfahren, bis alle Streifen aufgerollt sind. Die Zimtschnecke mit einem 24er Springformrand oder einem Tortenring aus Metall mit 24 cm Durchmesser umlegen. Schnecke mit Frischhaltefolie abdecken und für weitere **30 Minuten** gehen lassen.

5. Backofen auf **200 °C (Ober-/Unterhitze; 180 °C Umluft)** vorheizen. Frischhaltefolie entfernen und die XXL-Zimtschnecke **ca. 30-35 Minuten** backen. Auf einem Kuchengitter auskühlen lassen. Guss darauf verteilen und servieren.

Pro Stück:
ca. **300** kcal – **5** g E – **9** g F – **27** g KH

unser TIPP für euch

Man kann aus dem Teig auch 12 kleine Zimtschnecken machen. Dafür das Rechteck in Schritt 4 quer in 12 kurze Streifen teilen und diese dann in eine gefettete Auflaufform geben und ca. 20 Minuten backen

15 Min. + Backzeit

leicht

12 Stück

Zutaten:

- *50 g Mandelkerne mit Haut*
- *190 g Sahne-Karamell-Toffees (z.B. Sahne Muh Muhs)*
- *2 kleinere Äpfel (ca. 300 g)*
- *165 g zimmerwarme Butter*
- *2 Eier*
- *50 g Zucker*
- *125 g Milch*
- *200 g Mehl*
- *1 TL Backpulver*
- *40 g Saure Sahne*

APFEL-KARAMELL-MUFFINS

1. Backofen auf **160 °C** (Umluft) vorheizen. Muffin-Form mit 12 Mulden mit Papierförmchen auslegen.

2. Mandeln in den Mixtopf geben, in **10 Sek./Stufe 10** zu Mandelmehl vermahlen und umfüllen.

3. **150 g** Toffees in den Mixtopf geben, **2 Sek./Stufe 4** grob zerkleinern und umfüllen.

4. Äpfel schälen, vierteln, entkernen und in den Mixtopf geben, **6 Sek./Stufe 4** zerkleinern und umfüllen.

5. **125 g** Butter, Eier und Zucker in den Mixtopf geben und **30 Sek./Stufe 4** verrühren. Milch, Mehl, Mandelmehl und Backpulver hinzugeben und **15 Sek./Stufe 4** verrühren.

6. Zerkleinerte Toffees und Äpfel hinzugeben und mit Hilfe des Spatels **20 Sek./Linkslauf/Stufe 2** unterheben.

7. Teig in die Mulden der Muffin-Form füllen und im heißen Ofen **25-30 Minuten** backen.

8. Inzwischen **40 g** Toffees mit **40 g** Butter und der Sauren Sahne in den Mixtopf geben und **6 Min./50 °C/Stufe 2** schmelzen. Die fertigen Muffins noch warm damit überziehen und erkalten lassen.

Pro Stück:
ca. 300 kcal – **5** g E – **16** g F – **33** g KH

Das Beste zum Schluss

Für ein Dessert ist nicht nur immer noch Platz, sondern ab sofort auch immer noch Zeit. Denn diese süßen Träumchen sind im Handumdrehen fertig und nicht nur sonntags einfach unwiderstehlich gut. Sagt nicht, wir hätten euch vorher nicht gewarnt …

ROTE GRÜTZE MIT VANILLESOSSE

25 Min. + evtl. Auftauzeit | leicht | **4** Portionen

Zutaten für die Rote Grütze:
750 g tiefgekühlte rote Früchte (z.B. Himbeeren, Erdbeeren, Johannisbeeren und Sauerkirschen), 350 g Sauerkirschnektar, dünn abgeschälte Schale von ½ Bio-Zitrone, 2 EL Zucker, 1 gehäufter EL Johannisbrotkernmehl (ersatzweise Speisestärke)

Zutaten für die Vanillesoße:
100 g Cashewkerne
200 g Wasser, 1 Prise Salz
Mark von ½ Vanilleschote
2 EL Agavendicksaft

1. Tiefgekühlte Früchte in einer Schüssel bei Zimmertemperatur (am besten einfach am Vortag aus dem Eis nehmen) oder in der Mikrowelle auftauen lassen.

2. Für die Soße die Cashewkerne in einer Schüssel mit kochendem Wasser aus dem Wasserkocher übergießen und ca. 10 Minuten stehen lassen.

3. Inzwischen für die Rote Grütze Nektar mit Zitronenschale, Zucker und Johannisbrotkernmehl in den Mixtopf geben und 3 Min./Stufe 4 andicken. Über die aufgetauten Früchte in der Schüssel geben. Mixtopf säubern.

4. Cashewkerne abgießen. Mit 200 g Wasser, Salz, Agavendicksaft und Vanillemark in den Mixtopf geben und 1 Min./Stufe 10 cremig pürieren. Die Grütze mit der Vanillesoße servieren.

Pro Portion:
ca. 315 kcal – **6** g E – **13** g F – **39** g KH

Dieses Symbol kennzeichnet Zutaten, die man auch selber machen kann. Rezept siehe download EXTRA rezeptemitherz-mag.de/downloads/

unser **TIPP** für euch

Die Vanillesoße lässt sich super auf Vorrat machen und hält sich im Kühlschrank mindestens 5 Tage. Sie schmeckt auch zu anderen Süßspeisen wie z.B. dem Milchreis von Seite 94 oder dem Schoko-Couscous von Seite 21, zu Obstsalat oder Schokoladeneis.

BANANENQUARK

unser TIPP für euch

Zum Stracciatella-Quark wird das Dessert, wenn man zum Schluss noch 50 g Schoko-Raspel mit dem Spatel untermischt

5 Min. | leicht | 4 Portionen

Zutaten:
2 reife Bananen
350 g Magerquark
200 g Naturjoghurt
1 Päckchen Vanillezucker

1. Alle Zutaten in den Mixtopf geben und **20 Sek./Stufe 4** vermischen.

Pro Portion:
ca. 180 kcal – **15** g E – **2** g F – **24** g KH

MANDELPUDDING MIT AMARETTINI-BRÖSELN

10 Min. | leicht | 4 Portionen

Zutaten:
50 g Mandelkerne ohne Haut
50 g Zucker
2 TL Vanilleextrakt (Fertigprodukt oder selbst gemacht)
6-8 Tropfen Bittermandelaroma
500 g Milch, 2 Eigelbe
1 Prise Salz, 30 g Speisestärke
ca. 50 g Amarettinis

1. Mandeln und Zucker in den Mixtopf geben, **10 Sek./Stufe 10** zerkleinern und an den Seiten herunterschieben.

2. Vanilleextrakt und Bittermandelaroma hinzugeben und erneut **10 Sek./Stufe 10** zerkleinern.

3. Milch, Eigelbe, Salz und Speisestärke zu den Zutaten in den Mixtopf geben und alles **7 Min./90 °C/Stufe 3** aufkochen.

4. Pudding in eine größere Schale oder 4 kleine Dessertschälchen füllen und auskühlen lassen.

5. Amarettinis zwischen den Händen zerbröseln. Brösel kurz vor dem Servieren auf den Pudding geben und sofort servieren, damit sie nicht durchweichen.

Pro Portion:
ca. 340 kcal – **10** g E – **19** g F – **32** g KH

NICECREAM

5 Min. + Einfrier- und Einweichzeit | leicht | 4 Portionen

Zutaten für das Grundrezept:
2 große reife Bananen (ca. 300 g Fruchtfleisch)
50 g ungesalzene Cashewkerne
25 g weiche getrocknete Datteln ohne Stein
Saft von ½ Zitrone

1. Bananen schälen, in Scheiben schneiden und in einem Gefrierbeutel über Nacht, oder mindestens 5 Stunden, einfrieren. Die Cashewkerne in einer Schüssel mit kaltem Wasser bedecken und über Nacht, mindestens aber 2 Stunden, einweichen. Wenn die Zeit reicht. Wenn nicht, einfach so verwenden, dann einmal mehr 20 Sek./Stufe 8 mixen.

2. Cashewkerne abgießen und mit gefrorenen Bananen, Datteln und Zitronensaft in den Mixtopf geben und 20 Sek./Stufe 8 vermischen.

3. Masse an den Seiten herunter schieben und noch einmal 20 Sek./Stufe 8 vermischen, bis die Masse cremig ist. Sofort servieren oder nach Belieben verfeinern (siehe Varianten).

Pro Portion Grundrezept:
ca. 170 kcal – **3** g E – **6** g F – **25** g KH

Berry-Nicecream:

Zutaten für 4 Portionen
1 x Grundrezept Nicecream
200 g tiefgefrorene Erdbeeren oder Himbeeren
20 g Agavendicksaft oder Honig

1. Beeren und Agavendicksaft zur Nicecream geben und wie im Grundrezept angegeben immer 20 Sek./Stufe 8 vermischen und die Masse zwischendrin an den Seiten herunterschieben, bis das Eis cremig ist.

Pro Portion:
ca. 200 kcal – **3** g E – **6** g F – **31** g KH

Cookie Dough Nicecream

Zutaten für 8 Portionen:
60 g Zartbitterschokolade
65 g Butter, 50 g brauner Zucker
1 EL Milch, 1 Prise Salz, 65 g Mehl
2 x Grundrezept Nicecream

1. Schokolade, Butter und Zucker in den Mixtopf geben und 20 Sek./Stufe 5,5 zerkleinern.

2. Milch und Salz hinzugeben und erneut 8 Sek./Stufe 6 zerkleinern.

3. Mehl hinzufügen und 2 Min./Teigstufe unterkneten.

4. Masse mit nassen Händen zu kleinen Kügelchen formen, auf einem Tablett mindestens 5 Stunden einfrieren und später in Gefrierbeutel umfüllen.

5. Nicecream wie im Grundrezept beschrieben zubereiten. Cookie Dough Kugeln zugeben und mit dem Spatel untermischen.

Pro Portion:
ca. 320 kcal – **4** g E – **16** g F – **40** g KH

Natürlich kann man auch nur 1x das Grundrezept Nicecream zubereiten und nur die Hälfte der Cookie-Dough-Kugeln untermischen. Die übrigen Kugeln halten sich gefroren mindestens 3 Monate. So habt ihr gleich einen Vorrat für das nächste Eis

Schnell noch was Raffiniertes dazu?

Diese Beilagen machen aus schnell gebratenen Würstchen, Fischstäbchen, Tofu-Bratlingen, Hackbällchen und Co. ganz fix ein komplettes Essen und schmecken so gut, dass es uns nicht wundern würde, wenn sie vom Statist zum Hauptdarsteller auf dem Teller aufsteigen

SCHMANDKARTOFFELN MIT KOHLRABI

35 Min. | leicht | 4 Portionen

Zutaten:
950 g Kartoffeln, 3 Kohlrabi, 570 g Wasser, ½ EL Gemüsebrühpulver oder -paste (Fertigprodukt oder selbst gemacht ⬇) 300 g Schmand, 1 EL tiefgekühlte 8-Kräuter-Mischung, 2 EL Speisestärke, Salz, Pfeffer

1. Kartoffeln schälen, würfeln und in den Gareinsatz geben. Kohlrabi schälen, in mundgerechte Stücke geben und im Varoma-Einlegeboden verteilen.

2. Wasser mit Gemüsebrühe in den Mixtopf füllen. Gareinsatz einsetzen, Deckel schließen, Varoma daraufstellen. **25 Min./Varoma/Stufe 1** kochen. Varoma abnehmen, Gareinsatz entnehmen. Kohlrabi und Kartoffeln warm stellen.

3. Schmand, Kräuter und Speisestärke in die verbliebene Garflüssigkeit im Mixtopf geben. **10 Sek./Stufe 5** vermischen und anschließend **5 Min./100 °C/Stufe 3** kochen. Mit Salz und Pfeffer abschmecken.

4. Kartoffeln mit Kohlrabi mischen, Schmandsoße darübergeben.

Pro Portion:
ca. 480 kcal – **12** g E – **25** g F – **51** g KH

Dieses Symbol kennzeichnet Zutaten, die man auch selber machen kann. Rezept siehe download EXTRA rezeptemitherz-mag.de/downloads/

BLUMENKOHL-KARTOFFELPÜREE

25 Min. | leicht | **4** Portionen

Zutaten:

50 g Schüttelbrot (knusprige Brotfladen aus Südtirol)
500 g Blumenkohl
500 g Kartoffeln
2 TL Salz, 250 g Wasser
60 g Butter, 150-180 g Milch
geriebene Muskatnuss

1. Schüttelbrot in den Mixtopf geben, **4 Sek./Stufe 4** grob zerkleinern und umfüllen, Mixtopf säubern.

2. Blumenkohl in Röschen in den Mixtopf geben, **3 Sek./Stufe 5** zerkleinern.

3. Kartoffeln schälen, von Hand in grobe Stücke schneiden und zum Blumenkohl in den Mixtopf geben. Salz und Wasser hinzufügen und **20 Min./100 °C/Stufe 1** kochen.

4. **30 g** Butter, Milch und Muskat zugeben und **20 Sek./Stufe 4** pürieren. Eventuell dafür den Spatel zu Hilfe nehmen.

5. **30 g** Butter in einer Pfanne erhitzen, Schüttelbrotbrösel hinzugeben und knusprig ausbraten. Püree anrichten, mit Bröseln bestreuen und sofort servieren.

Pro Portion
ca. 335 kcal – **8** g E – **14** g F – **41** g KH

BROKKOLI MIT KÄSE-BÉCHAMEL-SOSSE

20 Min.

leicht

4 Portionen

Zutaten:

500g Wasser
500 g Brokkoliröschen
60 g Bergkäse
1 TL Speisestärke
250 g Milch
20 g Butter
20 g Mehl
1 EL Mandelblättchen
Salz, Pfeffer, etwas Zitronensaft

1. Backofen auf **60 °C** (Umluft) vorheizen.

2. Wasser in den Mixtopf füllen, Brokkoli in den Varoma geben und **15 Min./Varoma/Stufe 1** dämpfen. Wasser weggießen, Mixtopf trocknen, Brokkoli warm stellen.

3. Käse und Stärke in den Mixtopf geben, **6 Sek./Stufe 6** zerkleinern. Milch, Butter und Mehl zum Käsemix geben und **7 Min./100 °C/Stufe 2** aufkochen.

4. Inzwischen Mandelblättchen in einer Pfanne ohne Fett goldbraun rösten, herausnehmen.

5. Käse-Béchamel-Soße mit Salz, Pfeffer und einigen Spritzern Zitronensaft abschmecken und über die Brokkoliröschen geben. Mit Mandelblättchen bestreuen.

Pro Portion:
ca. 220 kcal – **11** g E – **14** g F – **12** g KH

PFANNENBROT

30 Min. + Gehzeit
leicht
6-8 Stück

Zutaten:
½ Würfel Hefe (21 g),
1 TL Agavendicksaft (oder flüssiger Honig),
100 g Milch, 250 g Dinkelmehl (Type 630),
100 g Skyr (ersatzweise fester Joghurt),
1 TL Salz, 1 TL Backpulver,
2 EL Butterschmalz oder Olivenöl zum Braten,
Thymian, Majoran, Oregano oder andere getrocknete Kräuter nach Geschmack

Pro Stück (bei 8 Stück):
ca. 150 kcal – **5** g E – **4** g F – **23** g KH

1. Hefe, Agavendicksaft und Milch in den Mixtopf geben und **2 Min./37 °C/ Stufe 2** vermischen.

2. Rest der Zutaten, bis auf das Fett und die Kräuter, hinzufügen und **3 Min./Teigstufe** verkneten.

3. Teig **ca. 30 Min.** an einem warmen Ort gehen lassen, dann in 6-8 Stücke teilen. Die Stücke jeweils kurz durchkneten, flachdrücken und portionsweise in einer heißen Pfanne unter Wenden in **3-4 Min.** ausbacken.

4. Mit Kräutern bestreuen und servieren.

Die Brote schmecken super zu allem, was man dippen kann, zu Salat, zu den Aufstrichen von Seite 22-23 oder auch einfach so!

MÖHREN-ROHKOST

5 Min. | leicht | 4 Portionen

Zutaten:
500 g Möhren, 1 Apfel,
1 EL Rapsöl, 100 g Apfelsaft,
2 EL Zitronensaft,
½ TL flüssiger Honig, Salz,
Pfeffer, 1 Prise Zimt

1. Möhren schälen und in grobe Stücke schneiden. Apfel vierteln und entkernen.

2. Möhren und Apfel mit allen übrigen Zutaten in den Mixtopf geben und **3 Sek./Stufe 5** zerkleinern. Salat noch mal abschmecken.

Pro Portion:
ca. 100 kcal – **1** g E – **3** g F – **15** g KH

unser TIPP für euch

Der Salat lässt sich super bis zu einem Tag im Voraus zubereiten, denn durchgezogen schmeckt er fast noch besser

ZUCCHINI-SALAT MIT PARMESAN

5 Min. | leicht | **4** Portionen

Zutaten:

50 g Parmesan
1 kleine Zwiebel
80 g Naturjoghurt
10 g Olivenöl
10 g Weißweinessig
3 Zucchini (ca. 800 g)
Salz, Pfeffer

1. Parmesan in den Mixtopf geben und **10 Sek./Stufe 6** zerkleinern.

2. Zwiebel abziehen und in Stücken zugeben. Naturjoghurt, Öl und Weißweinessig ebenfalls zugeben und alles **10 Sek./Stufe 5** zerkleinern.

3. Zucchini längs halbieren und das weiche Innere der Hälften mit einem Löffel auskratzen. Zucchinhälften in Stücken in den Mixtopf geben. **3 Sek./Stufe 4** zerkleinern. Salat mit Salz und Pfeffer abschmecken, nach Wunsch mit weiterem Parmesan bestreuen.

Pro Portion:
ca. 125 kcal – **7** g E – **8** g F – **5** g KH

Verschärft für Eltern: ein paar Chiliflocken über den Salat streuen

unser TIPP für euch

Die Polenta schmeckt besonders gut zu Fleischgerichten wie z.B. den Hackbällchen von Seite 37 oder den Hähnchenspießen von Seite 49.

POLENTA

20 Min. | leicht | 4 Portionen

Zutaten:

50 g Parmesan
450 g Wasser
½ EL Gemüsebrühpulver oder -paste (Fertigprodukt oder selbst gemacht)
450 g Milch
175 g Instant-Polenta (Maisgrieß)
15 g Butter, Salz, Pfeffer

Pro Portion:
ca. 320 kcal – **13** g E – **13** g F – **38** g KH

1. Parmesan in den Mixtopf geben und **10 Sek./Stufe 6** zerkleinern, umfüllen.

2. Alle übrigen Zutaten, bis auf die Butter, in den Mixtopf geben. **15 Min./ 90 °C/Stufe 3** garen.

3. Parmesan und Butter zugeben und **20 Sek./ Stufe 4** unterrühren. Polenta mit Salz und Pfeffer abschmecken und **5 Minuten** quellen lassen.

Noch Polenta übrig oder mehr Zeit?
Dann die zubereitete Masse in eine flache, kalt ausgespülte Auflaufform (ca. 20 x 28 cm) geben und mit einem angefeuchteten Messer glatt streichen. Oberfläche direkt mit Frischhaltefolie abdecken. Mindestens 30 Minuten auskühlen lassen. Anschließend in Quadrate schneiden und in etwas Öl in einer beschichteten Pfanne unter Wenden ca. 5 Minuten goldbraun braten. Mit der klassischen Tomatensoße von Seite 30 wird daraus ein vegetarisches Hauptgericht.

FOUGASSE

5 Min. + Warte- und Backzeit | leicht | **4** Stück

Zutaten:

500 g Dinkelmehl (Type 630), 325 g Wasser, 25 g Olivenöl, 10 g Salz, 1 TL Trockenhefe, Mehl zum Arbeiten

Pro Stück:
ca. 490 kcal – **16** g E – **8** g F – **87** g KH

1. Zwei Backbleche mit Backpapier belegen.

2. Alle Zutaten in den Mixtopf geben und **4 Min./Teigstufe** verkneten.

3. Teig auf bemehlter Arbeitsfläche noch einmal von Hand durchkneten, dann abgedeckt an einem warmen Ort mindestens **30 Minuten** gehen lassen, bis er sein Volumen verdoppelt hat.

4. Backofen auf **225 °C (Umluft 200 °C)** vorheizen, dabei ein tiefes Backblech oder eine feuerfeste Form mit Wasser füllen und auf den Ofenboden stellen.

5. Teig auf bemehlter Arbeitsfläche vorsichtig rechteckig flachdrücken und in 4 große Stücke teilen. Das geht z. B. gut mit einer Teigkarte. Die Stücke mehrmals ein- aber nicht durchschneiden und die Einschnitte etwas auseinander ziehen. Hier ruhig beherzt vorgehen – die Schnitte ziehen sich sonst im Ofen wieder zusammen.

6. Fougasse auf die Backbleche legen und blechweise im heißen Ofen jeweils **ca. 15 Minuten** backen. Auf einem Kuchengitter auskühlen lassen. Die Brote lassen sich prima auf Vorrat einfrieren.

TOMATENREIS

25 Min. | leicht | **4** Portionen

Zutaten:
1 Zwiebel
1 Knoblauchzehe
150 g Tomaten
50 g Öl
350 g passierte Tomaten (Tetra-Pak)
200 g Basmati-Reis
230 g Wasser
1 TL Salz

1. Zwiebel und Knoblauchzehe abziehen. Tomaten halbieren. Zwiebel, Knoblauch und Tomaten in den Mixtopf geben. **5 Sek./Stufe 5** zerkleinern.

2. Öl zugeben und **2,5 Min./120 °C (TM 31®: Varoma)/Stufe 1** dünsten.

3. Übrige Zutaten zugeben und **20 Min./100 °C/Linkslauf/Stufe 1** kochen.

Pro Portion:
ca. 410 kcal – **8** g E – **13** g F – **52** g KH

unser TIPP für euch

Ihr könnt auch anderen Reis, z. B. Langkornreis, verwenden. Dann muss aufgrund des unterschiedlichen Stärkegehalts aber eventuell die Kochzeit angepasst werden, damit der Reis nicht anbrennt

IMPRESSUM

konstanzemedia
konzeption & kommunikation
Inhaberin Konstanze Hacke
Langmatt 11, 77770 Durbach
Tel: +49 (781) 9673671
www.konstanzemedia.de

HERAUSGEBERIN: Konstanze Hacke
CHEFREDAKTION: Inga Pfannebecker
ART DIRECTION: Angelika Wünscher
REDAKTION UND FOTO: Marie Berger, Oliver Brachat, Florian Hauer, Kathrin Klemp, Amelie Kowalski, Annette Nüßle, Inga Pfannebecker, Fotolia, Shutterstock
SCHLUSSREDAKTION: Maude Roßdeutscher
CVD: Angelika Wünscher
LESERFRAGEN: rezeptemitherz@konstanzemedia.de
REDAKTIONSADRESSE: Langmatt 11, 77770 Durbach
VERTRIEB: BPV Medien Vertrieb GmbH & Co. KG
Römerstraße 90, 79618 Rheinfelden
www.bpv-medien.de
ANZEIGENVERMARKTUNG: ACTIVE INTERMEDIA UG
Tina Deissler, Fischleite 5a, 82266 Inning am Ammersee
tina.deissler@active-ic.de, Tel. 0049 8143-99 99-280
REPRO: RTK & SRS mediagroup GmbH • Offenburg
Franckensteinstraße 18, 77749 Hohberg
www.rtk-srs-media.de
DRUCK: Vogel Druck und Medienservice GmbH
Leibnizstraße 5, 97204 Höchberg
www.vogel-druck.de

Verkaufspreis: 9,95 € inkl. 7% MwSt.

ABONNEMENT UND NACHBESTELLSERVICE:
www.rezeptemitherz-mag.de/abo/ oder
Kundenservice Rezepte mit Herz
Römerstraße 90, 79618 Rheinfelden
rezeptemitherz@bpv-medien.de
Tel. 0049 7623-96 41 56
Fax 0049 7623-96 44 51

Verantwortlich i. S. d. P. für den redaktionellen Inhalt:
Inga Pfannebecker
Verantwortlich i. S. d. P. für den Anzeigenteil:
Konstanze Hacke, c/o konstanzemedia, Langmatt 11, 77770 Durbach

Rezepte mit Herz ist ein unabhängiges Magazin für Nutzer und Nutzerinnen der Küchenmaschine „Thermomix®" und erscheint bei konstanzemedia. Das Zeichen „Thermomix®" ist eine eingetragene Marke der Firma Vorwerk International AG, beim DPMA unter der Registernummer 302013030082 eingetragen. konstanzemedia hält keine Marken- oder Kennzeichenrechte am Zeichen „Thermomix®" und macht daran auch keine geltend. Magazin und Rezepte unterstehen der eigenen Verantwortung des Verlags konstanzemedia und stehen nicht in Verbindung zur Firma Vorwerk International AG.

Diese Zeitschrift und die darin enthaltenen Rezepte wurden nach bestem Wissen und Gewissen verfasst. Weder der Verlag noch die Redaktion tragen die Verantwortung für ungewollte Reaktionen oder Beeinträchtigungen, die aus der Verarbeitung der Zutaten entstehen.

Rezepte mit Herz darf nur mit Genehmigung des Verlags in Lesezirkeln geführt werden. Der Export von Rezepte mit Herz und der Vertrieb ins Ausland sind nur mit Genehmigung des Verlags statthaft. Für unverlangt eingesandte Fotos und Manuskripte wird keine Haftung übernommen.

Die Vervielfältigung, auch auszugsweise, von in Rezepte mit Herz erschienenen Artikeln und Abbildungen ist untersagt. Die Redaktion übernimmt keine Verantwortung für die weitergeleiteten Texte und Fotos. Mit dem Wort „Anzeige" gekennzeichnete Seiten sind vom Werbetreibenden gestaltet und nicht Teil des redaktionellen Inhalts.

Mehr **Rezepte mit Herz** findet ihr auch im Netz:
WWW.REZEPTEMITHERZ-MAG.DE
WWW.FACEBOOK.COM/REZEPTEMITHERZMAGAZIN/

Unser Service für euch

Noch mehr Rezepte, praktische Helfer und süße Extras findet ihr unter rezeptemitherz-mag.de

FÜR EURE SCHÄTZE

TOLLE ETIKETTEN ZUM AUSDRUCKEN *Damit könnt ihr z.B. die Gläser für die Brotaufstriche von Seite 22-24 oder Ähnliches beschriften. So hübsch verziert sind sie auch ein super Mitbringsel. Download unter rezeptemitherz-mag.de/downloads/*

PRAKTISCHE HELFER

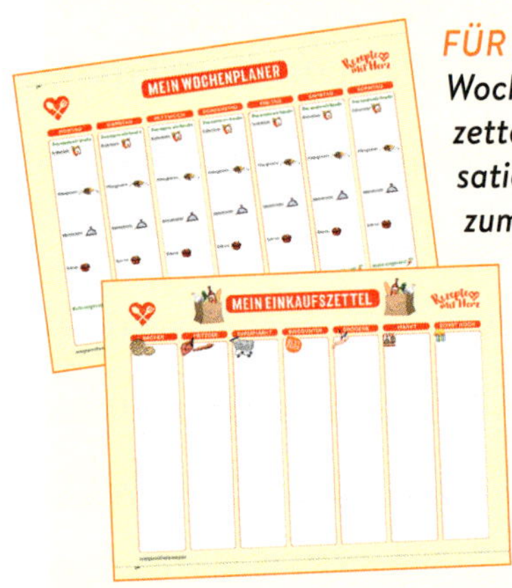

FÜR PERFEKTE PLANUNG *Wochenplan und Einkaufszettel machen die Organisation der Familienküche zum Kinderspiel. Vorlagen im exklusiven Design gibt es zum Ausdrucken unter rezeptemitherz-mag.de/downloads/*

Außerdem: Schaut doch auch mal bei Facebook unter Rezepte mit Herz Magazin vorbei. Da gibt's regelmäßig exklusive Rezepte, tolle Gewinnspiele und vieles mehr

PARTY-PICKER MIT HERZ

KEINE PARTY OHNE DEKO *Tolle Party-Picker exklusiv im Rezepte-mit-Herz-Design findet ihr unter rezeptemitherz-mag.de/downloads/*

DARF ES NOCH ETWAS MEHR SEIN?

ZUM AUSDRUCKEN *Von Gemüsepaste bis Vanilleextrakt – bei den 50 Rezepten in unserem großen Extra ist alles dabei, was die Thermomix®-Küche braucht. Und Schokofans macht das Schoko Extra mit 10 tollen Rezepten glücklich. Kostenlos unter rezeptemitherz-mag.de/downloads/*